JN106450

資本主義の成熟と終焉

いま私たちはどこにいるのか

小西一雄［著］

桜井書店

はしがき

効率よく生産し、効率よく儲けることが人類社会を豊かにしていく途だと多くの人々が信じてきた社会、それが欧米では約二〇〇年、日本では約一五〇年続いてきた。資本主義社会である。[*1] 資本主義のもとで世界の生産力がいかに急速に巨大に発展したかは、世界人口の推移から類推し実感することができる。一八〇四年に一〇億人と推計される世界の人口は二〇一一年には七〇億人を越えた。[*2] 有史以来一九世紀初頭までに到達した人口の六倍にあたる人口増加がたった二〇〇年間で生じたのである。だが気がつくと、資本主義的な生産力の発展は自然環境の破壊を耐え難いほどに推し進め、また格差拡大などの社会環境の破壊を耐え難いほどに推し進めてきた。資本主義はいつごろからそのような耐え難い限度を

＊1　資本主義以前は凶作や自然災害による経済の破綻はあったが、周期的な恐慌は経験しなかった。周期的恐慌が観察されるようになったのはイギリスにおける一八二五年恐慌からである。以降一九五年が過ぎた。日本では明治維新から一五三年が経過している。

＊2　アメリカ国勢調査局（ＵＳＣＢ）資料による。

越えたのであろうか。少なくともこの三〇年ほどの間に先進資本主義国といわれている諸国では、多かれ少なかれこのような限界を越えた段階に入っている。[*3] コロナパンデミックは、序章でみるように、この二つの破壊を劇的に明るみに出し、可視化した。とすれば、コロナ以降の世界は、感染症対策が進んだ社会とか、グローバルなサプライチェーンの見直しとか、テレワークの拡大などの変化にとどまらず、自然環境の破壊と社会環境の破壊を許さないような社会への転換点となる世界でなければならない。だが、それは可能なのか。その答えは、いま私たちがいる経済社会自体のなかにある。

企業は、そしてそこに働く人々はなんのためにビジネスをし、働いているのだろうか。社会が必要とする有用な財・サービス（社会的使用価値）の提供のためであろうか。たしかに、それがなければビジネスは成り立たない。しかし、それ自体が目的なのではない。経済活動の動機と目的はどこまでも儲け（利潤）の拡大であって、社会的使用価値の提供はその手段にすぎない。いまこれを利潤原理（profit principle）と呼ぶとすれば、資本主義社会における利潤原理こそ生産性上昇、生産力の発展の原動力であった。他資本との競争に打ち勝ってマーケットシェアを拡大し、利潤を増大させるためには、他資本に先駆けて労働生産性を上げることが不可欠であり、利潤獲得競争こそが生産力発展の原動力であった。だが、利潤原理はこれを理性的にコントロールする内在的機構をもっておらず、果てしなき利潤追求こそがその魂である。そして、その果てしなき利潤追求運動が二つの破壊をもたらしてきた。

だとすれば、いま必要とされているのは、利潤と社会的使用価値との関係が逆転した社会、経済活動の動機と目的はどこまでも社会的使用価値の提供であって、「利潤」はそのための手段、経営の持続のために必要な手段にすぎない社会、利潤原理を相対化し、利潤原理の逆転（reversal of profit principle）した社会（RPP社会）である。じつは今後ますます必要となる医療、介護、福祉、教育などの公共サービス産業の多くは、そしてまた地域産業の多くは、RPPを原理として運営されなければ、結局は経営自体が成り立たない分野である。そして社会の基幹をなす物的生産の分野でも、RPPを無視することができない段階に入りつつある。RPP社会はポスト資本主義社会への入り口にすぎないが、それでも経済社会の編成原理の大転換である。

RPP社会は、いわゆる持続可能な社会とか持続可能な開発目標（SDGs）[*4]とは別の概念である。S

＊3　気候変動に関する初めての世界会議がオーストリアのフィラハで開催されたのは一九八五年であり、気候変動に関する政府間パネルが発足したのは一九八八年一一月であった。なお、社会環境の破壊が始まる時期については本文で詳しく述べる。

＊4　SDGs（Sustainable Development Goals）は二〇一五年九月に国連の首脳会議で採択された開発の指針であり、二〇三〇年までに世界がめざすべき一七の目標を掲げている。目標は次のとおり。①貧困をなくそう、②飢餓をゼロに、③すべての人に健康と福祉を、④質の高い教育をみんなに、⑤ジェンダー平等を実現しよう、⑥安全な水とトイレを世界中に、⑦エネルギーをみんなに　そしてクリーンに、⑧働きがいも　経済成長も、⑨産業と技術革新の基盤をつくろう、⑩人や国の不平等をなくそう、⑪住み

DGsの目標それ自体のほとんどは共有できるものがあるが、「働きがいも経済成長も」という八番目の目標からもうかがわれるように、SDGsはそれら目標を資本主義的成長と両立するものと考えている。しかし、RPP論は、資本主義的成長の原理である利潤原理を相対化し逆転しなければそれらの目標は達成しないと考えている。

いま資本主義はその発展と「成熟」の果てに、生産力を発展させるというその歴史的役割を終えつつある。しかし、歴史的役割の「終焉」にもかかわらず、資本主義は依然として存続している。そして、このことが二つの破壊、自然の破壊と社会の破壊をもたらしている。とはいえ、その中から新しいRPP社会への途も生まれてくる。

本書では、現在の日本とアメリカの資本主義の分析をとおして、資本主義の現段階の歴史的特徴を明らかにしながら、RPP社会への手がかりを考えてみたい。

続けられるまちづくりを、⑫つくる責任　つかう責任、⑬気候変動に具体的な対策を、⑭海の豊かさを守ろう、⑮陸の豊かさも守ろう、⑯平和と公正をすべての人に、⑰パートナーシップで目標を達成しよう。

目次

終章　いま私たちはどこにいるのか――「社会革命」の時代　151

資本主義の成熟と終焉　いま私たちはどこにいるのか

序章　コロナパンデミックと「成長信仰」を考える

1　コロナ大不況の性格

コロナパンデミックと気候変動問題

感染症との闘いは文明の歴史とともに古い。しかし、今回のコロナパンデミックは文明史の一齣にすぎないのであろうか。そうではあるまい。ＳＡＲＳ（重症急性呼吸器症候群）やＭＥＲＳ（中東呼吸器症候群）や新型インフルエンザなど、二一世紀に入って感染症の流行が頻繁にみられるようになったことからもわかるように、コロナパンデミックは、気候変動問題と同じく、人間と自然との物質代謝を破壊する現代の資本主義社会の限界を明らかにしている。著名な霊長類学者であるジェーン・グドール女史はこう語っている。「われわれが自然を無視し、地球を共有すべき動物たちを軽視した結果、パンデミックが発生した。これは何年も前から予想されてきたことだ。／例えば、われわれが森を破壊すると、森にいるさまざまな種の動物が近接して生きていかざるを得なくなり、その結果、病気が動物から動物へと伝染する。そして、病気をうつされた動物が人間と密接に接触するようになり、人間に伝染する可能性が高まる」[*5]。つまり、自然を無視し、動物を軽視した経済活動の結果がパンデミックであったということであり、「成長」を追求する経済活動がもたらす地球環境の悪化が生態系を破壊し「人類の生存」を脅かしているということである。グドール女史は直截に資本主義批判を語っているわけではない。しかし、資本主義のもとでの急速な生産力の発展は、過去の文明史をはるかに越える自然破壊をもたらしてきたのであり、コロナパンデミックと気候変動危機とは同じ性質の問題である。

今回、各国政府は、資本主義の歴史上はじめて本格的に、「人類の生存の危機の克服」と「経済成長」の二者択一を迫られた。同じ人類の生存の危機を意味する気候変動問題では経済成長を優先して問題を先送りにしている多くの政府も、さすがに今回はこの選択から逃れることはできなかった。しかし、これまた少なからぬ為政者が、自らの権力の維持というつまらぬ動機からこの選択をごまかそうとしてきた。アメリカのトランプからブラジルのボルソナロにいたるまで、彼らは「わが亡き後に洪水は来たれ」どころか、「洪水が来ても自分だけは助かる」とでも言わんばかりの振る舞いをしてきた。中国の習近平もWHOも初期対応においてお粗末であった。そしてわが安倍官邸も、危機の展開についての「想像力」も、それに対処する「創造力」も欠いて、後手、後手の対応を繰り返してきた[*6]。

コロナ大不況のまったく新しい特徴――「経済外的強制」による需給の突然の消滅

コロナパンデミックによる大不況は、従来の大不況とはまったく異なる特質をもっている。これはいわば経済外的強制[*7]によって突如需要が消滅するというかたちで生じた大不況である。それはまた、経済外的強制によって突如供給網が寸断されるというかたちで生じた大不況である。だから、一定の条件があれば、通常の不況とはちがって、パンデミックの収束とともに需要と供給は速やかに回復する可能性もある。ただし「一定の条件があれば」である。その条件は二つある。ひとつはパンデミック収束まで

＊5　AFP＝時事、ネット配信記事「コロナパンデミックの原因は「動物の軽視」霊長類学者グドール氏」(二〇二〇年四月一二日)。なお、この記事は、今回の新型コロナウイルス(COVID-19)の感染拡大が武漢の海鮮市場から始まったという前提で書かれている。しかし、震源地がどこであれ、未知のウイルスの発生、伝播の基本的な構図はグドール女史の指摘するとおりであろう。

＊6　それにもかかわらず、日本で新型コロナウイルスの感染者数や死亡者数が欧米にくらべて低いのはなぜか、この理由についての研究は現時点で始まったばかりである。ここでは、日本は欧米にくらべればこれら数値は低いが、アジア諸国のなかでは高いという事実を確認しておきたい。

＊7　ここでいう「経済外的強制」とは、その時点での経済関係の内部から生じた動きではなく、経済関係の外部から生じた動きという意味であり、経済史での術語としてのそれとは違う。さらに、さきにみたようにコロナパンデミックは経済活動の結果であって、たんなる自然現象ではない。しかし、その時点で成立している生産および需給関係の内部から生じた動きではないという意味で「経済外的」と表現している。

の時間を多くの貧困層が経済的に生き延びていられるかどうかである。この条件がなければ、需要の回復などは夢物語である。いまひとつは、工場や店舗がいつでも稼働できるように存続しており、そこで働く人々も存続していることである。つまり生産力の基盤が破壊されずに維持されているかであり、これがなければ供給網は切断されたままである。

そしてこの二つの条件のいずれにおいても、コロナショックは現代資本主義における格差構造の拡大をあらためて露わにした。誰からどこから経済的生存の危機が始まり拡大するのか、誰からどこから経営の危機が始まり拡大するのか、眼前に繰り広げられている事態は格差構造そのものの展開でもある。だからここに、非常時の財政金融政策、とりわけ財政政策が必要となる。これは通常の景気対策としての財政政策とはまったく異なる課題をもつものであり、いわば「お助け米」[8]の放出である。テンポにおいても規模においても十分な「お助け米」をいかに投入するかが問われている。その原資は、当面、日本でいえば日銀の買い取りをあてにした国債増発による財政出動以外にない。

財政出動の過去に例のない性格と予想される後遺症

いま「お助け米」の投入を紙幣投入という表現に置き換えてみよう。今回の紙幣投入は未知の世界である。それは、戦費調達のための紙幣投入でもなく、戦後復興のための紙幣投入でもなく、高成長期のような銀行信用の膨張（銀行融資の拡大）を支える紙幣投入でもなく、オイルショック時のような供給ショックのものとでの紙幣投入でもなく、通常の景気対策としての紙幣投入でもない。コロナショック対策としての紙幣投入は、本来、経済外的強制によって突如消滅した需要と供給を修復する紙幣投入である。経済内的には成立していた需給関係、しかし経済外的強制によって突如破壊された需給関係、これを修復し回復すること、これが今回の紙幣投入の内容である。必要とされる紙幣投入の規模は、平時の国家予算に匹敵するような規模であろう。だが、この紙幣投入は政府がやらざるをえないし、やるべき政策である。

しかし、目的がいかに正当であっても、流通の外部からの紙幣投入がたどった過去の事例の途を、今回だけはまぬがれるというわけにはいかない。終章とコラムとで詳しくみるが、景気回復過程でのインフレの進展はやはり避けられないであろう。さらに財政危機の深化も避けられないであろう。

そしてここに、現在の先進資本主義諸国の生産力の水準はこのような財政赤字をどこまで吸収できるのか、という問題が登場する。答えは、終章でみるように、日本も含めて一部の資本主義諸国は吸収できる「潜在的な財政力」をもっている。もっとも、現在の生産力水準とそれが規定する財政力は、いわゆるベーシックインカム論が期待するような水準ではない。しかし、未曾有の危機を乗り越えることが

＊8　「お救い米」ともいう。江戸時代に飢饉や天災にあたって、幕府や領主が米蔵を開いて庶民の救済のためのコメを放出する非常時の政策。

できるような水準にはある。[*9]

賭けに出る投機資本と金融危機

コロナ大不況から脱する過程で、インフレや財政危機とともに問題となるのは金融危機の問題である。現時点では金融危機はまだ爆発していない。米欧日など世界の株式市場の歴史的暴落はあったが、その後、株価は徐々に回復してきた。そして株式市場以外の金融資本市場の崩壊は現在のところ発生していない。途上国からの資本逃避も、タイで目立ったものの、現在のところ大規模には発生していない。なぜだろうか。

第三章で詳しくみるが、ＩＭＦのレポート（国際金融安定性報告書ＧＦＳＲ）は二〇二〇年四月のそれでは金融危機の兆候を示すさまざまな懸念を表明していた。しかし、六月の改定版ではその後の事態の好転を受けて、各国中央銀行の「迅速で例を見ない措置が大きな役割を果たした」と評価している。加えて、この時点で総額一一兆ドルと推計されている各国政府の新型コロナ対策財政政策の発動による個人や企業への緊急支援策が、投資家心理の改善を支えたとしている。しかし、同レポートは同時に強い懸念も表明している。

実際、コロナパンデミックの今後の展開を見通すことはきわめて困難であり、不確実性が大きい。それにもかかわらず投資家が強気を維持しているのはなぜだろうか。同レポートはこう問いかけて、それは市場がV字回復を期待していて、「中央銀行による異例の支援策が続くとの見込みで投資家が賭けに出ていることがあると思われる」と答えている。しかし、実体経済の状態と大きく乖離した投機家の賭けは、ほぼ確実に裏目にでるであろう。

従来の不況での金融危機は、景気後退の過程で不況を深化させるものであった。今回は、不況からの緩やかな景気回復過程で生じ、景気回復の障害として登場する可能性が高い。各国中央銀行のなんでもありの金融緩和政策のもとでも、金融危機は避けることは難しいであろうし、金融危機はコロナ大不況からの脱出過程で最大の障害物になる可能性がある。

コロナパンデミック以前の世界

振り返ってみると、資本主義の歴史的使命は、生産力を飛躍的に発展させることである。その推進力は、資本主義的「競争」、つまり利潤獲得競争であり、利潤獲得競争の「王道」は個別資本が他資本に先

＊9　コロナ対策としての財政出動を吸収できるだけの経済力、生産力水準を備えている国はまだ一部に限られている。中国経済の突出によって最近使われなくなったが、BRICS諸国（ブラジル、ロシア、インド、中国、南アフリカ）でさえ、たとえば南アフリカはこのような生産力水準には遠く及ばないし、ブラジルも、そしてインドもそうであろう。

駆けて労働生産性を上げ、生産力を上げることに勝利することである。この生産力発展にブレーキをかける、あるいはコントロールするような内在的機構を資本主義は備えていない。時々の恐慌や不況というブレーキも、資本にとっては一時的つまずきであり、資本はそれを越えて生産力を発展させ、経済成長を実現しようとする。かつてドイツの児童文学者ミヒャエル・エンデは、作家のするどい感性をもって資本主義を「成長を強制される経済システム」と呼んだが、至言である。[*10] 資本主義は経済成長の内在的エンジンを備えた歴史上はじめての経済システムである。

しかし、このシステムが自ら生産力発展を抑制するモメントをもっていないということから二つの問題が出てくる。ひとつは、自然破壊である。すでに一九世紀のロンドンでテムズ河の汚染、煤煙による大気汚染などが、住宅街での衛生環境の悪化をともないながら問題になっていた。日本でも高度成長期には光化学スモッグに象徴される大気汚染、地下水くみ上げによる地盤沈下、河川の汚染など公害が問題となっていた。しかし、現在問題になっている気候変動問題はこれらの出来事とは次元の違うレベルの自然破壊である。それは経済成長がもたらす気候変動によって人類の生存環境が全体として破壊されるという危機である。その影響はすでに全世界で異常気象の頻発として現われている。しかしコロナパンデミックは、資本主義的生産力の発展がもたらす人類生存の危機を、気候変動問題に先駆けて、一挙に見せつけた。

資本による無制限な生産力発展の追求がもたらすいまひとつの問題は、資本主義的競争は不可避的に優勝劣敗の、少数の勝者と多数の敗者の世界を拡大せずにはいないということである。そして現在、自然破壊がレベルを超えたのと同様に、格差拡大も長期停滞下で途方もないレベルに達している。長期停滞とは、先進国で資本主義的な生産力の発展が困難になってきていることの表われである。つまり、資本主義的な生産力の発展は、一方では、地球環境を破壊し人類の生存条件を脅かすほどのレベルに達しているが、他方では、これ以上の生産力の発展が困難になるような歴史的な段階に達しつつあるのである。しかし長期停滞下でも資本は利潤獲得競争をやめない。そのことが格差の極端な拡大を世界的に拡げてきたのである。加えて、長期停滞のあだ花である「金融化」の進展が所得格差に加えて資産格差を途方もない規模に拡げている。

つまり、コロナパンデミック以前の世界は、資本主義的生産力発展の帰結として、一方では、地球環境の破壊というかたちでの人類生存の危機が進み、他方では、格差拡大などのかたちでの人類生存の危機が進む社会であった。コロナパンデミックは、この二つの問題を、短期間に、全世界に、明らかにしたのである。

＊10　ミヒャエル・エンデ『アインシュタイン・ロマン（6）』（NHK出版、一九九一年）。

コロナパンデミック以後の世界――キーワードは「利潤原理の相対化」

コロナパンデミック以降の世界の変化は、単に感染症対策の進んだ社会や、グローバルなサプライチェーンの見直しや、テレワークの進展などのレベルにとどまるものではない。そこで問われてくるのは第一に、人類の生存の危機をもたらすような自然破壊を進める経済活動は許さないという世界の構築である。第二は、経済活動の展開が格差を拡大する経済社会から、経済活動の展開が格差を縮小する世界への転換である。

では、そのような世界はどのようにしてもたらされるのか。自然破壊も格差拡大も資本による利潤獲得競争とそれによる生産力の発展がもたらしたものであった。とすれば、それらを克服するためには「利潤原理を相対化」することが必要だということになる。資本主義とはあらゆる経済活動の動機と目的が利潤の獲得と増大にある社会である。そこでは社会的使用価値（有用性）を創造し提供すること、つまり社会的に役立つものを提供すること自体が経済活動の目的なのではない。使用価値の提供はあくまで利潤獲得の手段である。これに対して、これから要請されてくる経済活動は、社会的な使用価値の創造、社会に役立つモノやサービスの提供が経済活動の目的であり動機であり、経営の継続に必要な「利潤」はそのための手段であるという、目的と手段が逆転した経済活動であり、利潤原理（profit principle）が逆転したＲＰＰ（reversal of profit principle）社会である。もちろんこれは未来社会へのゴールではなく、まだ入り口ではあるが、大きな変革である。

だが、そのような経済社会のリアリティーはあるのだろうか。そのリアリティーはコロナパンデミック以前の世界のなかにある。第五章でみるように、そこでは、利潤原理の相対化が経営に不可避な産業、あるは不可避になりつつある産業が育っており、資本主義の中枢たる大資本の経営においてでさえ、利潤原理の相対化を無視できない諸関係が育っている。

本書で語ること[*11]

本書でいう「資本主義の成熟と終焉」とは、資本主義がその「成功」のゆえに、生産力を発展させるという歴史的使命を終えつつある段階に入っているということである。それは市場の「成熟」と限界ということでもある。利潤追求が目的であって、社会的な使用価値の提供はその手段にすぎない資本主義にあっても、社会的な使用価値の限度の問題を避けるわけにはいかない。つまりいかなる生産物も、それ

＊11　本書では語らないことについても一言述べておきたい。気候変動をはじめとする環境問題の重要性はいま述べたとおりであるが、本書ではそのこと自体についての新たな分析は提示していない。この点では、斎藤幸平『大洪水の前に――マルクスと惑星の物質代謝』(堀之内出版、二〇一九年)、同『人新世の『資本論』』(集英社、二〇二〇年)などの研究の参照をお願いしたい。なお、本書注94も参照されたい。

が平均的な家計に行きわたれば、需要の量的な限界に突き当たらざるをえない。資本主義の歴史は、その限界を、新しい使用価値の創出、新しい技術の創出、新しい市場の創出によって乗り越えてきた。そして人々の社会的欲望をつねに刺激し拡充しようとしてきた。しかしいまや、その限界が近づいてきている。「デジタル化」がその限界を拡げることはあっても、結局は、突破することはできない。資本主義の長期停滞とはそのような事態の表われである。そして、そのような限界に直面してなお利潤追求を目的とし動機とする経済活動を展開することが、格差を途方もない規模に拡げてきたのである。

第一章でみるように、日本資本主義は世界に先駆けて、このような「成熟」段階を経験している。アメリカは、第二章でみるように、日本とは異なり、生産力発展の余地は残されているが、格差拡大において国民の忍耐の限界に達しつつある。このアメリカを先頭に近年の資本主義の特徴は「金融化」と「デジタル化」が進展してきたことである。第三章では「金融化」現象を取り上げ、それは資産格差を、したがってまた同時に所得格差を途方もないレベルに拡大するだけで、資本主義の延命にも活性化にもつながらないものであり、まさに資本主義が「終焉」に差しかかっていることの端的な現われであることを明らかにする。第四章は「デジタル化」を取り上げる。「デジタル化」は世界中の生産と流通のあり方を変え、したがってまた労働と生活のあり方を変え、急速に深化し続けている。この章では、「デジタル化」は資本主義のもとで急速に発展するが、しかしその資本主義的発展の限界に突き当たること、「デジタル化」の成果は未来社会でこそ花開くことを説明している。

以上がコロナパンデミック以前の資本主義の現状分析であるとすれば、いまひとつの現状分析が第五章である。ここでは、すでに述べた「利潤原理の相対化」の「芽」が現代資本主義のいたるところに育っていることを明らかにする。ここで重要なのは、これらの「芽」の数々はたんなる事例の堆積ではなく、現代資本主義を貫く基本的な傾向として進行している事柄として把握することである。

では「利潤原理の相対化」を軸とする経済社会の変革はどのように進むのであろうか。終章はマルクスのいう「社会革命」というタームを手がかりとしてこの問題を考える。[*12] 資本主義の限界が近づき、その克服の客観的な条件が成熟してきているということと、そのことが人々の眼に、人々の意識にどのように映じているかは別の問題である。資本主義の強靭性を支えているのは、日々、社会の広範囲に再生産されている成長信仰、市場信仰、競争信仰、そして自己責任論のイデオロギーである。しかもこれらのイデオロギーの根強い浸透は、たんに時々の政府の宣伝やそれへのマスコミの追従によるものだけではない。厄介なのは、資本主義の限界とその克服の客観的な条件が成熟していること、それ自体がまた

＊12　マルクスは「経済学批判の序言」という文章のなかで「社会革命」というタームの意味を端的に語っている（MEGA II/2, S. 100–101.『マルクス資本論草稿集　3』大月書店、一九八四年四月、二〇五―二〇六頁）。なお、若干文章は異なるが、同じ訳者（杉本俊朗）による大月書店の国民文庫版の『経済学批判』では一六頁に該当箇所がある。

こうしたイデオロギーの再生産の基盤でもあるということである。この問題を考える手がかりが「社会革命」である。「社会革命」とは「政治革命」のことではない。それをも含む、イデオロギー諸形態全体の長期にわたる変革の過程であり、それを通して新しい経済社会のリアリティーが増大していく過程である。

2　立場を越えて拡がる「成長信仰」

根深い「成長信仰」

さて、第一章に入る前に、いまひとつの問題を概観しておきたい。さきにみた日々再生産されているイデオロギーのなかで、もっとも根深いものは「成長信仰」である。市場信仰、競争信仰、自己責任論などに批判的な人々も、経済成長の問題となると、トリクルダウン論の批判者でさえ「成長信仰」に囚《とら》われていることが多い。また気候正義を実現するためには生産力発展をコントロールする必要があることを認識している人々にさえ、「成長信仰」の残滓を見出すことが多い。そこで、この問題を簡単に取り上げておこう。

まず「経済が成長すれば国民生活は豊かになる」のだろうか。日本では一九九七年度から二〇一七年度までに実質GDPは一七・五％増加したが、実質賃金（労働者の平均的賃金）は一〇・三％も減少した。

アメリカでは一九七二年から二〇一七年までに実質GDP（数量指数）は三・三倍になったが、実質賃金（平均週当たり）は〇・九一倍とむしろ低下した。日本の一九九七年度、アメリカの一九七二年は、ともに両国で戦後実質賃金がもっとも高かった年である。日本ではこの二〇年間、アメリカではじつに四五年間、経済成長をしても国民の「平均的な生活」は豊かにならなかったのである。

だが、ただちに反論の声が聞こえてくる。近年の経済成長が生活の豊かさをもたらさなかったとしても、そのことは経済成長をしないでも生活が豊かになることの証明にはならない、と。たしかに、いまの指摘だけでは証明にはならない。とくに、いまでも世界にはアフリカ大陸をはじめ途上国が広く存在しているが、これらの諸国、諸地域では、現在の生産力水準で人々の「豊かさ」を保障することはできず、経済成長が必要なことはほとんど自明であろう。とはいえ、それはそれら諸国が米日欧などの諸国のようなやり方で成長しなければならないということでは、まったくない。

国際機関の統計が示すこと

二〇一九年の国連食糧農業機関（FAO）の報告[*13]によれば、いま世界では九人に一人が飢餓に苦しんでいる。しかし一方で、二〇一七年から二〇一八年にかけて世界は約二六億トンの穀物を生産している。

＊13　国連食糧農業機関（FAO）"The State of Food Security and Nutrition in the World 2019".

この二六億トンという数字の意味を、あるNGOは次のように指摘している。[*14] 二六億トンを世界の七七億人に平等に分配すれば、一人当たり年間三四〇キログラム以上食べられることになるが、これは日本人一人当たりの年間穀物消費量一五四キログラムを上回っている。この事実を前提とすれば、世界の飢餓の問題を克服するために世界の穀物生産の量をもっと増やさなければならないとか、穀物生産の成長が必要である、などと考えることはまったくの的外れであることがわかる。問題は穀物の偏在と穀物獲得における格差の構造にあるのであって、世界的な穀物生産水準の絶対的低さにあるのではない。

同様のことを、世界の人々の所得と資産の問題でみてみよう。少し古い資料であるが、二〇〇七年に公表された国際機関の報告[*15]によれば、所得階層でみた人口ピラミッドの最下層にいる人々（BOP）、具体的には年間所得が三〇〇〇ドル以下（当時の円の対ドルレートで換算すれば年間所得が約三六万円以下）の人々は、世界人口の約七〇％、四〇億人にのぼっている。この四〇億人という数に近い数字が最近の国際的NGOの報告書で再び登場している。伝統ある国際的なNGOであるイギリスのオックスファム（OXFAM）が公表したレポート[*16]によれば、二〇一九年に、一〇億ドル（一ドル一一〇円換算で一一〇〇億円）以上の資産をもつ世界の大富裕層・ビリオネア（billionaire）二一五三人だけで四六億人の人々の資産を越える富を保有している。さらに同報告は、「最富裕層一％に財産税を向う一〇年間で〇・五％追加するだけで、教育、健康と高齢者介護、その他の部門で一億一七〇〇万人の仕事を生み出すのに必要な投資額を賄うことができる」と指摘している。これらの話から読み解くことができるのは、四十数億のＢＯＰの人々の生活を改善するためには、生産力と富の国・地域による偏在と格差、同じ国・地域における階層による偏在と格差、これを是正することが必要だということである。いいかえれば、世界全体が到達している生産力水準と富の規模自体はすでにＢＯＰの人々の生活を改善するのに十分な水準に達しているということである。

もし、飢餓や貧困の問題の克服のために、各国が「先進国」が達成してきたような生産力水準の達成、あるいは経済成長を目指したとすれば、人類の生存環境としての地球は急速に破壊されることになるだろう。ここで、途上国に「成長を目指すな」などといっているのではない。成長政策は世界的規模での、また各国内での格差構造の是正、克服と結びつかなければならないといっているのであり、それは「先進資本主義国」がたどってきた経済成長の途とは異なる成長のあり方が必要だということである。「気候正義」というような表現にならっていえば、世界的な経済成長における正義、「成長正義」が問われている。

＊14　国際協力ＮＧＯ・Hunger Free World「世界の食糧事情」(https://www.hungerfree.net/hunger/food_world/)。

＊15　世界資源研究所・国際金融公社『The Next 4 Billion　次なる40億人――ピラミッドの底辺（ＢＯＰ）の市場規模とビジネス戦略』(二〇〇七年)。

＊16　OXFAM "Time to Care," January 2020.

「成長信仰」との決別

さて、生産力水準や富の量の不足が問題なのではなく、富の偏在や格差が問題なのだということは、本書で問題にするアメリカ、日本などの先進資本主義国の内部でもそのままあてはまる。これら諸国が資本主義的経済成長の過程で到達した現在の生産力の水準は、じつは、多くの改革を実現するのに必要な水準にすでに達している。これら諸国で「さらに成長を」と叫ぶことは、三重に間違っている。第一に、それら諸国ではそもそも資本主義的成長それ自体が困難な段階に達しつつあることである。第二に、それにもかかわらず成長政策を進めようとすると、それはかえって国民生活を悪化させることになるということである。第三に、「成長信仰」は現在の生産力水準でも十分に達成できる諸課題を覆い隠すことになるということである。実質ＧＤＰが伸びても人々の「平均的な生活」が豊かにならなかったという事実は、こうしたことの端的な現われである。

ここで問題としているのは、「先進国」はマイナス成長でもよいとか、ゼロ成長が望ましいというような議論ではない。経済成長を第一義として経済を語り政策を立てる時代は終わったのだということであり、経済活動と経済政策のパラダイム転換が必要だということである。そのパラダイム転換の要が「利潤原理の相対化」である。

第一章　成熟段階にある日本資本主義

1　長期停滞の背景は市場の「成熟」

日本では第二次大戦後から二〇一二年一一月までに、一五回の景気循環（一循環は景気の拡張期と後退期からなる）が観察されてきた。そして、一二年一一月を谷として一二月以降新たな景気拡張期が始まったが、第二次安倍政権はその翌月の一二月に誕生した。そして以降最近にいたるまで、日本経済は第一六循環の景気拡張期にあり、その拡張期間は戦後最長だといわれてきた。しかし、二〇一九年一〇月の一〇％への消費税増税をひとつの契機として、景気は「明らかに」後退局面に入った。一九年一〇月—一二月に実質GDPは前年比で年率七・三％減、二〇二〇年一月—三月期では年率三・四％減となり、2四半期連続でマイナス成長となった。ここで「明らかに」と書いたのは、すでにそれ以前にも景気はとっくに後退局面に入っているのではないかといわれながら、政府はそれを認めてこなかったからである。しかしついに政府（内閣府）は、二〇二〇年七月三一日に、第一六循環の景気の山は二〇一八年一〇月であったことを認定した。このようにコロナパンデミック以前に日本経済の失速は始まっていたの

図1　日本の企業の売上げ高と設備投資額の推移（1961〜2018年度）

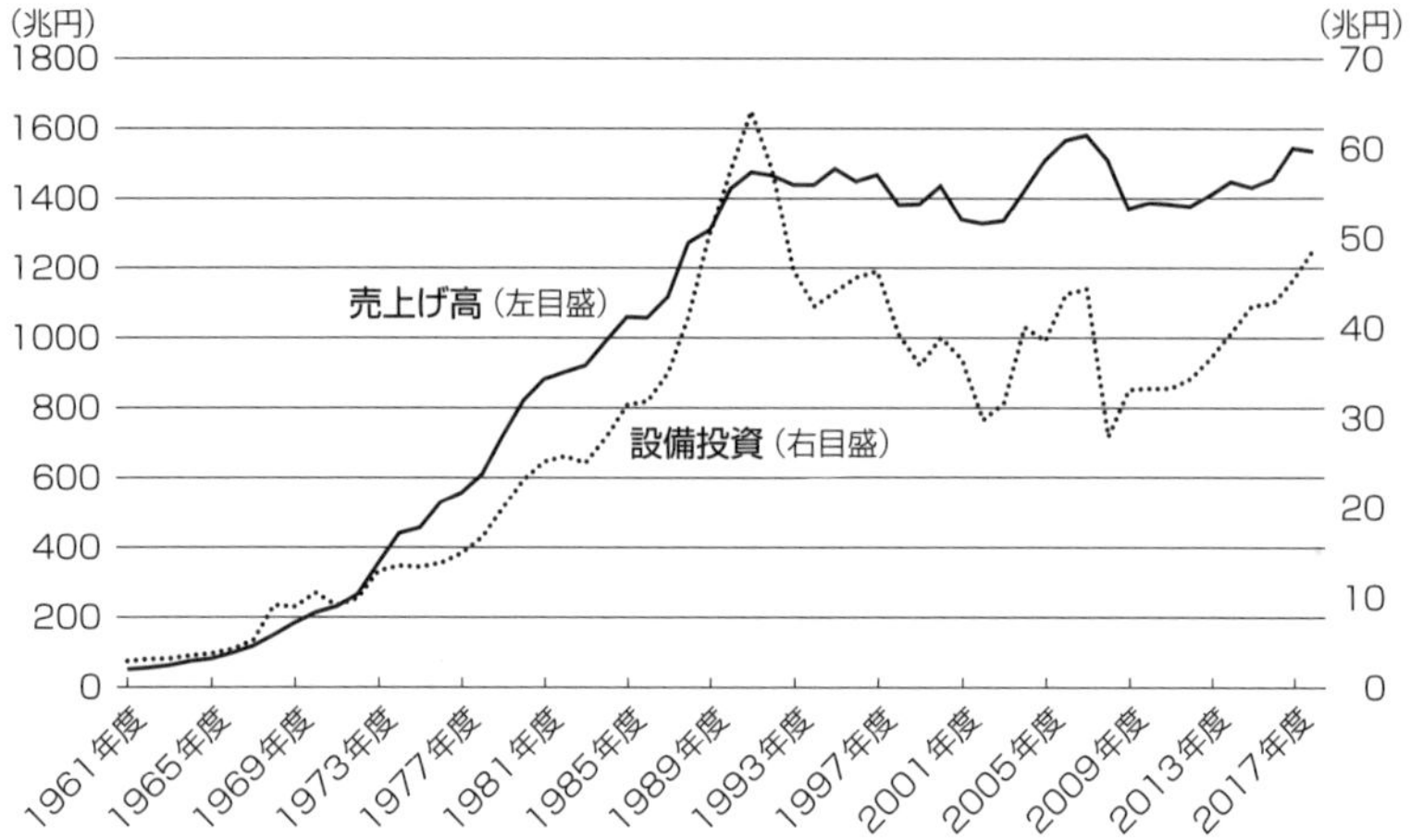

注：金融保険業を除く全産業。設備投資はソフトウエアを除く。
資料：財務省『法人企業統計』から作成。

であるが、コロナの影響が本格化した二〇二〇年四月—六月期以降は、より深刻な落ち込みが記録されてきた。

二〇一九年一月に茂木経済再生担当大臣（当時）は第一六循環の景気拡張期間は「戦後最長になったとみられる」と発言していたが、結局は二番目となった。では、戦後最長の景気拡張期間はいつのことであったのだろうか。それは安倍官邸がデフレ期としてその克服を叫んでいた時期の真っただなかにある第一四循環の景気拡張期間、二〇〇二年一月から二〇〇八年二月までの七三か月（いざなみ景気）である。第一次小泉内閣の時期からリーマンショック直前までの時期である。第二次安倍内閣誕生当時の安倍官邸は、戦後最長の景気拡張期でもデフレ期と判断していたわけである。

その判断がある程度説得力をもったのは、物価指標の動向というような客観的な指標というよりも、当時の景気拡大は「好況感なき景気拡大」「実感なき景気拡大」「だらだら景気」であったからである。そして、安倍官邸にとっては皮肉なことに、「好況感なき」「実感なき」だらだら景気という点で、それは第一六循環の景気拡張期もまったくいっしょであった。つまり、景気拡張といってもそれは長期停滞期のなかでの出来事であり、いずれも長期停滞自体を脱することはできなかったということである。以下、長期停滞について考えてみよう。

日本経済はバブル崩壊（一九九一年）以降、とりわけ一九九七年以降長期停滞に陥っている。[*17] その直接の原因は売上げ高が停滞してきたことにある。二〇〇七年や二〇一七年のように輸出増で売上げ高が一時回復している時期もあるが、国内市場では売上げ高の低迷が続いてきた。売上げ高が停滞するので設備投資も停滞してきた。資本は増収（売上げ高増加）・増益の見込みがあって設備投資を行うのであり、この見込みがない以上、設備投資は停滞せざるをえない。

図1にみるように、売上げ高はバブル期の一九九〇年の水準前後にへばりついてしまっている。設備投資にいたっては、九〇年以降減少に転じ、いまだにバブル期の水準にも戻っていない。資本主義における生産力発展の原動力は資本蓄積、つまり設備投資を中心とする資本の追加投資の拡大であるが、こ

---

*17　長期停滞のなかでも、一九九七年は重要な節目となった年である。このとき以降、実質賃金は低下し、家計の所得も低下傾向に転換したからである。

の肝心の設備投資が、売上げ高の停滞によって長期にわたって低迷している。

では、なぜ売上げ高の長期停滞が続いてきたのか。それは日本企業の経営戦略が稚拙だったからではない。また、経済政策が稚拙だったからでもない。それらは個々の企業の盛衰には影響しただろうし、また時々の景気の振幅を増幅させたではあろう。しかし、売上げ高の長期停滞というトレンド自体をそれらで説明することはできない。また、しばしばいわれる人口減少社会の到来についてみれば、総人口のピークは二〇〇八年であるが、売上げ高の停滞は一九九〇年以降のトレンドであって、人口減少は売上げ高低迷を加速する要因ではあっても、基底的な要因ではない。さらに、賃金や家計の収入の減少による購買力の低下も、それが売上げ高停滞を促進した重要な要因であることは間違いないが、それらが顕著に現われるのは一九九七年以降であって、売上げ高低迷のトレンドはそれ以前の一九九一年以降に始まっているのである。

このトレンドを生み出しているのは、かつて日本経済をリードしてきた自動車産業や電機産業（ICTを除く）や建設産業などで、国内市場の成熟化が進んだからである。市場の成熟とは、国内市場でそれらの生産物がほぼ普及しつくして、社会的な使用価値の量的限界が、簡単にいえば社会的ニーズの量的限界が到来していることである。いいかえれば、たとえ平均的な消費者に購買力はあってもその生産物をこれ以上買うことはないという市場環境の到来である。このことを自動車産業でみてみよう。

表1にみるように、日本の自動車市場は一九九〇年から二〇〇二年にかけて市場の成熟状態に入った。

乗用車の新車新規登録届出数は一九九〇年の五五七万五二〇八台をピークに以降減少傾向を続けている。なぜだろうか。それは乗用車を必要とする世帯には乗用車はほぼ普及してしまっているからである。一〇〇世帯当たりの乗用車保有台数の推移をみると、それは二〇〇二年の一四三・八台をピークに減少に転じている。都市部と地方とでは乗用車の保有台数は大きく異なるが、平均的な家計にとって都市部では一台あれば十分であろうし、地方ではすでに大人一人に一台という状態が珍しくない。日本の国内市場では今後買い換え需要は期待できるが、市場の量的拡大は期待できない。電気自動車や自動運転車の登場も、買い換え需要を刺激することはできても、高度成長期からバブル期までのような市場の量的拡大は期待できない。そして、市場の成熟という点では、電器産業（ICT産業を除く）や建設産業でも同様である。

このことは、資本主義の発展とその限界をみるうえで重要な事柄である。

表1　乗用車新車新規登録届出数と保有台数の変化

年	新車新規登録届出数（歴年）	保有台数（100世帯当たり）（各年度末）
1970	2,379,137	26.8
1980	2,854,175	64.9
1986	3,322,888	91.3
1988	3,980,942	104.1
1990	**5,575,208**	112.3
2000	4,802,493	132.7
2002	4,790,215	**143.8**
2010	4,205,097	136.9
2018	4,385,744	126.3

注：太字網掛け部分はピークを示す。
資料：『経済財政白書』「長期統計」から作成。

2 「デジタル化」は既存産業の成熟を埋め合わすことができていない

資本主義の発展は個人消費の拡大、生活必需品の拡大と結びついている。個人消費は現在の日本ではGDPの約六割、アメリカでは約七割を占める最大の需要項目であるが、その大半は労働者の消費であり、労働者の消費の中心は生活必需品の購入である。そして生活必需品の範囲と量は、生産力の発展にともなって社会的に変化してきた。たとえば一九五〇年代にはまだ珍しかった洗濯機、冷蔵庫、テレビなどは六〇年代には生活必需品になっていた。六〇年代には贅沢品であったクーラーは七〇年代には生活必需品になっていた。表1でみたように、七〇年代初頭には四世帯に一世帯の割合でしか保有していなかった乗用車は八〇年代末には、「平均的」な数値でいえばではあるが、すべての世帯に行きわたっていた。八〇年代前半にはまだ珍しかったパソコンは九〇年代を通じて生活必需品になり、いまやスマートフォンというかたちで一家に数台というまでに普及してきた、等々。こうした耐久消費財だけでなく、衣類であれ食料品であれ、さらには娯楽にいたるまで、生活必需品の種類は質量ともに時代とともに変化してきた。

なぜなのだろうか。それは資本が利潤の増大のために、つねに新たな商品を開発し販路を拡大しようとしてきたからである。資本主義以前の社会システムにおいては生活必需品の拡大はきわめて緩やかであったが、資本主義になるとそのテンポが急激になるのは、資本の利潤追求運動が商品種類の拡大の推進力となっているからである。そして、資本にとって労働者はもっとも重要な消費者であり、資本は人々の欲求を刺激し、購買意欲を引き出すことに腐心する。そして時々に、大量消費・大量生産を担う中心的な生活必需品が登場し、リーディング産業となってきた。高度成長期が終了して以降の日本資本主義において、その役割を担ったのは、自動車産業と電機産業であり、これらは代表的な輸出産業でもあった。

一方、建設業は生活必需品ではないが、社会的なインフラを支える資本主義の発展に不可欠な産業であり、とりわけ重要なのは運輸・交通産業の創出である。それらの多くは公共事業に支えられてきた。しかし、社会的なインフラ整備が一巡するにつれて、またとりわけ不動産バブルの崩壊を画期として、建設産業は長期停滞に陥った。この間、震災復興需要やオリンピック需要もあったが、この停滞基調は変わっていない。そして、自動車産業と電機産業（ICT産業を除く）が成熟段階にあってもゆるやかな拡大を続けてきたのとは異なり、建設産業ははっきりと縮小過程に入っている。建設産業の実質国内生産額は二〇〇〇年の八一兆四二六〇億円から二〇一七年の六三兆六四三〇億円へと実に二二％も減少し、それに応じて、建設産業の雇用者数も六四七万人から六〇六万人へと減少してきた。[*18]

＊18　これら数値は『令和元年版 情報通信白書』巻末データによる。

これら成熟産業の停滞や衰退の一方で、この間、新たな成長産業となったのは情報通信業（ICT産業＝デジタル産業）であった。情報通信業の実質国内生産額は二〇〇〇年の八六兆九七四〇億円から二〇一七年の九九兆七九二〇億円と約一五％増加し、全産業の実質国内生産額の一〇・二％と最大のシェアを占めている。しかし、一方で注目しなければならないのは、雇用者数でみると情報通信業の雇用者数は二〇〇〇年の四七四・三万人から二〇一七年の三九九・〇万人へとむしろ減少していることである。[*19]もっとも、情報通信業の内部では、「情報通信関連建設業」や「情報通信関連製造業」が雇用を大きく減らし、「インターネット付随サービス業」や「情報サービス業」などは雇用を大きく増やすなど業態による跛行性があるが、[*20]全体として情報通信業は雇用吸収力の低い産業であり、これが従来のリーディング産業との大きな違いである。

つまり、長期停滞下で自動車、電機（ICTを除く）、建設といったリーディング産業が成熟段階に入り、かわってデジタル産業が新たなリーディング産業として成長してきたが、その雇用吸収力は低く、三つの産業、とくに建設業から流出する労働者の受け皿にはまったくなりえていない。だからまた、日本では、「デジタル化」は長期停滞を突破する力を持ち得ていないのである（「デジタル化」については第四章であらためて検討する）。

3　長期停滞下で「増収」なき「増益」を目指す経営の展開とその帰結

日本の主要産業で市場の成熟によって売上げ高が著しく鈍化するなかでも、つまり増収が見込めない段階でも、資本は、とくに上場大企業は増益を実現するという目標をやめるわけにはいかない。かくして資本による三つの対応が出てくる。

第一は、**図2**の自動車産業の国内生産台数、輸出台数、海外生産台数の推移にはっきりと表われているように、海外での増収・増益を目指す海外投資の拡大である。みられるように、バブル経済期には輸出が減少しても国内市場が好調で国内生産台数は増大したが、バブル経済崩壊以降は、国内生産台数は輸出台数の動向に左右されてきた。そして、二〇〇七年以降は海外生産台数が国内生産台数を上回り、以降この傾向が拡大してきた。海外生産の場合、投資による雇用と所得の拡大は海外で生まれ、国民経済は潤わない。こうして、個別資本の利害と国民経済の利害が一致しない段階がやってきている。

第二は、増収なき増益を実現するための固定費の徹底的な削減である。そのひとつは、さきにみた設

＊19　同前。
＊20　同前、二二一頁による。

図2　日本の自動車（四輪車）国内生産・輸出・海外生産台数の推移
（1985～2018年）

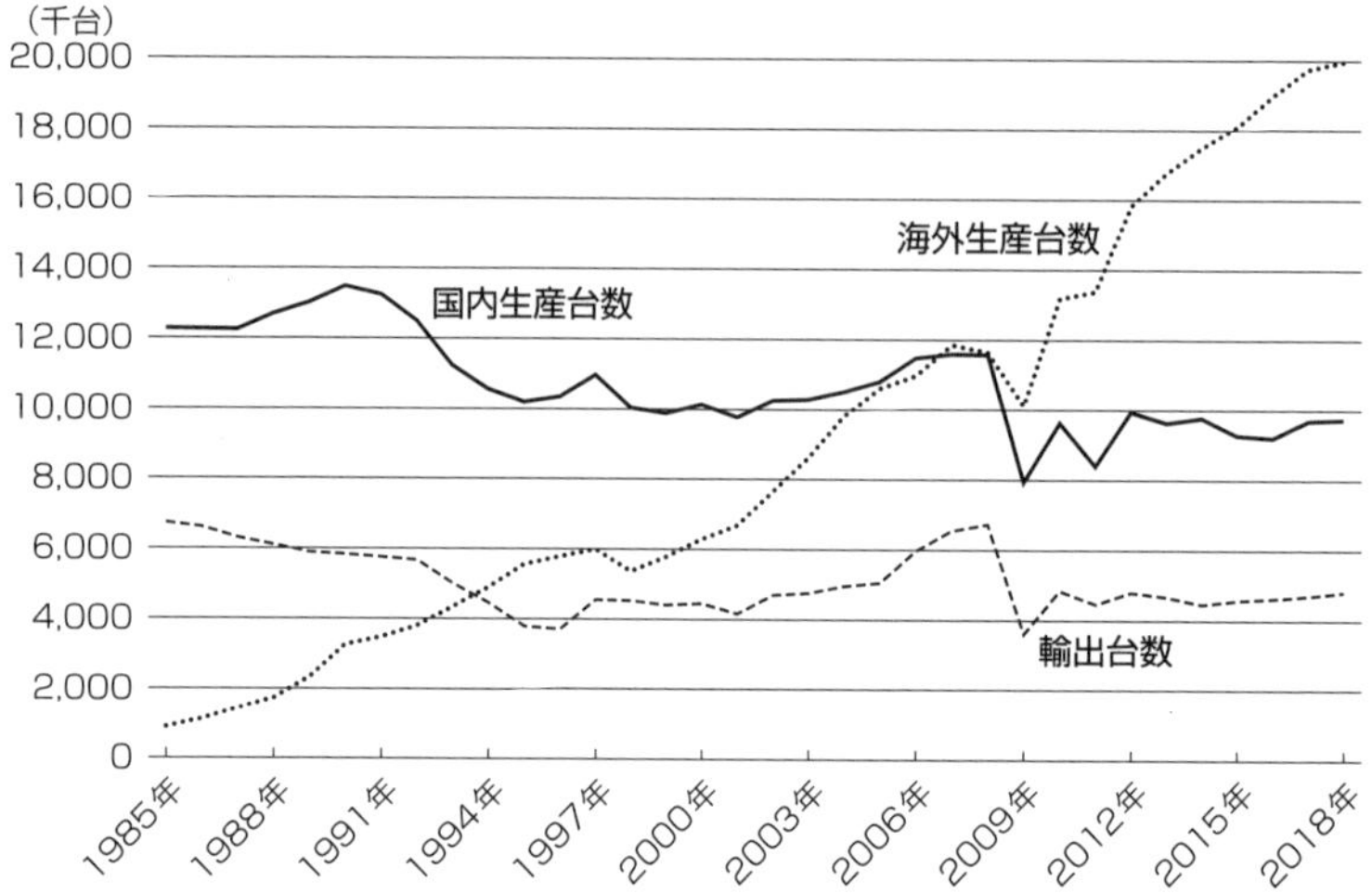

資料：『日本の自動車工業』（日本自動車工業会）各年版から作成。

備投資の抑制である。いまひとつは人件費の徹底的な削減である。ここに非正規雇用の増大や格差の拡大など、この間指摘されてきた労働環境の劣化が進んだのである。そしてこのことが個人消費をさらに委縮させるという悪循環が続いてきた。

第三は、本業での蓄積（現実資本の蓄積）が停滞するもとで利潤は金融資産としての蓄積（貨幣資本の蓄積）へと向かうことになり、「金融化」が進展する。資本は利潤を本業の拡大のための設備投資に回さないのであるから、利潤を金融資産としてため込むことになる。このことを端的に示しているのは、二〇〇四年度以降、日本の大企業では営業利益よりも経常利益のほうが大きくなり、以降その傾向が拡大していることである。本業の利益である営業利益から利払いなどの金融費用を差し引いたもの、あるいは営業利益に金融収益を加えたもの、これがほぼ経常利益に相当するが、かつての日本企業は金融費用のほうが金融収益よりも大きく、したがって営業利益より経常利益のほうが少なかった。しかし設備投資というかたちでの蓄積が停滞し、金融資産の蓄積が増大するにつれて企業の金融収益が増大し、営業利益よりも金融収益を加えた経常利益のほうが多くなり、金融収益依存が進んだのである。これらの事態をもっとも象徴的に示しているのがソフトバンク・グループである。いまやソフトバンク・グループは投資ファンドであって、情報通信事業者としての顔はごく一部にしか残っていない。

これら三つの傾向は一九九七年頃から顕著になっていくが、第二次安倍政権以降ではこれに円安効果が加わってくる。この第四の増益要因である円安についてみれば、円安は二〇一三年度から一七年度の五年間で五二兆円の経常利益を改善する効果があったとする試算もある。[*21] ただ、これは輸出拡大による増益にはちがいないが、数量ベースでは輸出は伸びていないので、企業は省力化投資や合理化投資は行っても、このような為替要因による不安定な増益を積極的な設備投資拡大に回そうとはしてこなかった。

以上のように、日本資本主義はバブル経済崩壊以降、とりわけ一九九七年以降、長期停滞として現われる生産力水準の停滞の時期に入った。そして、このような環境下で利潤量の拡大を実現しようとする

＊21　『日本経済新聞』二〇一八年一一月二二日付朝刊。

図3　日本のジニ係数の推移

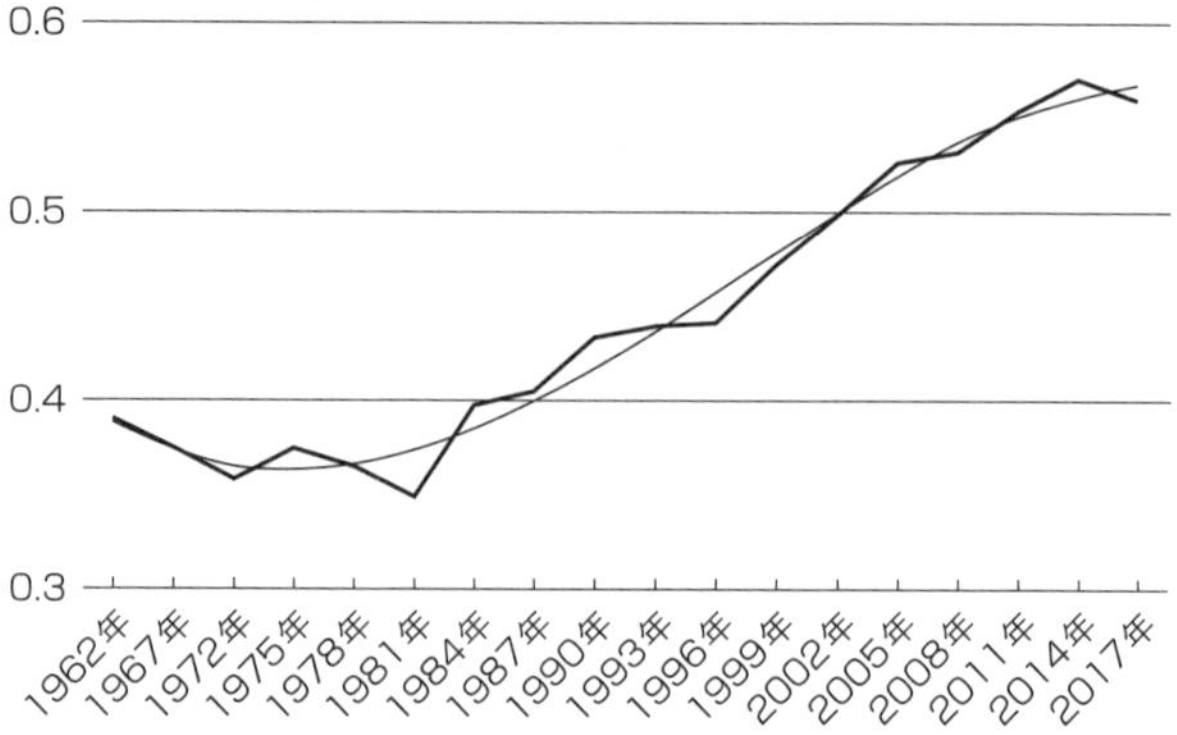

注：1）「所得再分配調査」は3年ごとに行われるが，1962年から72年までは5年間隔となっている。
2）この図でのジニ係数は「当初所得」についてのそれである。
3）太線はジニ係数，細線は傾向線でみた大まかな推移。
資料：厚生労働省「所得再分配調査」から作成。

企業行動の帰結は、一方での史上空前の経常利益と、他方での国民生活の悪化であった。リーマンショックの二〇〇八年度から二〇一七年度にかけて、日本の企業の経常利益は三一・九兆円から九六・三兆円へと約三倍になった。また一九九七年度から二〇一七年度までに実質GDPは一七・五％増加した。しかし実質賃金は一〇・三％も減少したのである。

4　格差拡大社会としての資本主義

ところで、世間には景気が良ければ格差は縮小し、景気が悪ければ格差が拡大するという思い込みがある。しかし、資本主義とは傾向的に格差が拡大していく社会であって、長期停滞は格差を極端なレベルに押し広げてきたというのが事実である。

図3は、日本におけるジニ係数の推移を示して

いる。[*22] ジニ係数とは各世帯の所得の分布の調査をもとにつくられる統計指標であり、貧富の格差がない場合はゼロ、格差が極大の場合は一となり、〇と一との間で数値が大きくなるほど格差が大きいことを示している。みられるように、一九八〇年代初頭以降、一九八一年の〇・三四九一から二〇一七年の〇・五五九四へとジニ係数は傾向的に大きく上昇している。ここで注視すべきは、バブル景気といわれた時期の調査、すなわち一九八七年から九〇年にかけても、ジニ係数は〇・四〇四九から〇・四三三四へと上昇していることである。つまり、景気の良し悪しにかかわらず所得格差は拡大してきたのである。

さらに、労働者の平均的な賃金を示す実質賃金が上昇している時期でも格差は拡大してきた。日本では高度成長期以降一九九七年頃までは、実質賃金は傾向的に上昇してきた。しかしその時期でもジニ係数は拡大してきた。

なお図3をみると、近年、二〇一四年調査から二〇一七年調査の期間に、ジニ係数は〇・五七〇四から〇・五五九四へと低下しており、これは安倍前首相がアベノミクスの成果として誇っていたものでもある。この点について少し説明しておこう。厚生労働省の「所得再分配調査」は表題が示すとおり、社会保障政策によって国民の「当初所得」の格差がいかに縮小したかを明らかにするという目的で作成さ

＊22　ジニ係数の簡潔な説明として、厚生労働省「所得再分配調査」の解説を参照されたい。これはネットで容易に閲覧できる。

れている。そして、公的年金は社会保障給付のひとつであるという理由で当初所得には含まれていない。だから厚生年金や国民年金で暮らしている高齢者が新たに就業すると、その所得は当初所得の増加となって計算される。また、当初所得ゼロの専業主婦が就業すると当初所得が増加する。つまり、二〇一四年から二〇一七年にかけてのジニ係数の低下は、これまで公的年金で暮らしていた高齢者や四〇代の主婦層が新たに働きに出ざるをえなくなってきた、ということの反映なのである。したがって、近年のジニ係数の低下を格差拡大傾向が転換したと読むことはできない。

さて、景気の良し悪しにかかわらず、また平均的な賃金が上昇するときでも所得格差が拡大してきたことをみてきた。なぜだろうか。その基本的傾向は、資本家間の競争とそれを反映する労働者間の競争が左右する。[*23] 利潤の獲得と利潤の増大をめぐる資本家間競争は資本の集中(寡占や独占の形成)をもたらす。資本主義の発展とともに一方では資本家の数も増大するが、他方では熾烈な競争を通じた淘汰が進み、少数の勝ち組と多数の負け組を創り出していく。労働者もこの競争に組み込まれていく。その一例として、マルクスはこう書いている。「熟練度の等しい一〇〇〇人の労働者のうち、労賃を決めるのは、九五〇人の就業者ではなくて、五〇人の失業者である。……労働者は、一人が他のものより安く自分の労働を提供することによって競争しあうだけでなく、一人が二人分働くことによって競争しあう」。[*24]

前者は「お前らのかわりはいくらでもいるんだぞ」というブラック企業のセリフとそれをより「上品」に実践する巨大企業の恫喝、後者は出来高払い、能率給で締めつけられる労働者、というように現代でもそのまま再現されている。この労働者相互間の競争においても少数の勝ち組と多数の負け組を創り出していく。そして、このような労働者間競争の基礎にあるのは「相対的過剰人口」の存在である。

資本は、景気拡大によって雇用労働者数を増やす必要があるときには速やかに安価な労働力を手に入れ、景気後退によって労働者の数を減らす必要があるときには速やかに首切りを行うことを可能とするメカニズム、労働力需給の資本主義的調整メカニズムを必要としている。資本主義では、時々の諸資本の活動にとって必要な労働者数を上回る労働者数の存在が必要であり、その上回る部分（相対的過剰人口）のプールが存在している。このプールにはさまざまな形態の「過剰人口」があるが、現在の状態でいえば、非正規雇用労働者のかなりの部分がこのプールに属していて、現役労働者と半失業者とを行き来している。また、かつての農村人口にかわって、現在ではさきにみたように退職した高齢者や四〇代の専業主婦などがこのプールの重要な構成部分となっている。生産年齢人口と総人口が減少に転じるという現在の「異常事態」のもとでも、労働力人口は維持されており、相対的過剰人口のプールは現在も機能しているのである。

＊23　「労働者相互間の競争は諸資本の競争の別の形態にすぎない」。（MEGA II/ 1.2, S. 534.『資本論草稿集2』大月書店、一九九三年、四〇九頁。）

＊24　MEW 6, S. 542.『マルクス・エンゲルス全集』第6巻、五二六―五二七頁。

資本蓄積とは、資本－賃労働関係の拡大再生産の過程であり、資本家間競争、それを反映する労働者間競争の拡大再生産の過程なのである。その競争は多数の勝者と少数の敗者という結果ではなく、少数の勝者と多数の敗者という構造の拡大の過程なのである。なぜならば、それらの競争の推進力は利潤の獲得と増大、マーケットシェアの奪いあいにあるからである。

なるほど、資本主義以前の社会でも、原初の共同体社会を別とすれば、奴隷制社会であれ封建制社会であれ、いずれも格差社会であった。だが、格差「拡大」社会という点でみれば、それら社会での格差拡大は蝸牛の歩みにみえる。

5　長期停滞が格差を耐え難いほどに拡大している

前節では、資本主義社会は傾向的に格差が拡大していく社会だということを説明した。しかし、これの例外をなす歴史的時期がある。日本や旧西ドイツでの一九六〇年代から七〇年代初頭にかけての高成長期であり、アメリカでいえば一九五〇年代から六〇年代にかけての高成長期である。この時期は、日本でみれば、資本の利潤は急速に増大し、賃金水準も上昇し、さきの図3にもみるようにジニ係数も低下した。まさに「トリクルダウン」が実現した時期であり、大衆社会の到来、中間層の形成が喧伝された時期である。それは人類史上最大の世界戦争、第二次大戦によって破壊されつくされた国、地域と、破壊からまぬがれたアメリカが絡みあって、さらに解放された植民地が資本主義国として自立を始めることを通して、資本主義のフロンティアが、限りなく拡がっていた時期であった。

だが、異常な戦争と、その後の「例外的な成長」のあとに、一九七四―七五年恐慌を画期として資本主義は低成長の軌道に戻った。そして低成長期にあって、日本はバブル経済崩壊までの期間に「独り勝ち」といわれるような経済的パフォーマンスを誇ったのであった。しかし、バブル経済崩壊の一九九〇年以降、今度は日本資本主義は世界に先駆けて長期停滞基調に陥り、以降三〇年間この基調を脱することができていない。バブル崩壊後、まず「失われた一〇年」が語られ、それが「失われた二〇年」となり、いまや「失われた三〇年」になっている。とりわけ目を引くのは、すでにみたように一九九七年以降今日まで実質賃金が低下し続けてきたことである。

資本主義社会は傾向的に格差が拡大していく社会であり、景気拡大期や実質賃金上昇期でもその傾向が貫かれているとすれば、実質賃金低下のもとでの格差拡大がより苛烈なものとなることは容易に想像がつく。この点で後藤道夫氏と中澤秀一氏の最近の論文がこの間の格差拡大のすさまじさを可視化している。それによれば、生活保護の最低生活費に届かない可処分所得で暮らす世帯は、一九九八年には勤労者世帯の一一％であったが、現在は二〇％前後の一九〇〇万人前後はいると推計されている。さらに生活保護の最低生活費は越えていても「普通の暮らし」が困難な貧困層という基準でみると、そのような貧困層は一九九八年には勤労者世帯の二七％であったものが、現在では四割台前半に及んでいると推計されている。[*25] 現在の日本では、勤労者世帯の四割強が自分の家族の日常の生活を維持することすら困難な賃金で暮らさざるをえなくなっているのである。

序章でもみたように、現代の資本主義的な生産力の発展はすでに気候変動や感染症のたびたびの拡大というかたちで、人類の生存条件を脅かすまでに巨大になった。それはまた、日々の暮らしさえ困難な層を拡大し続けるというかたちで、人類の経済的生存条件をも脅かすまでになっている。

6　資本主義は自動的には崩壊しない――利潤率と利潤量の関係の変化

資本主義の歴史的使命は、利潤原理を軸に生産力を徹底的に発展させることである。日本における市場の「成熟」を基底とする長期停滞は、これまでみたように、日本資本主義がすでにこのような歴史的使命を終え、生産力の発展が困難な段階に入っていることを示しており、そのような条件のもとでなお利潤量の増大を目指す資本の行動が国民生活の悪化、格差の拡大をもたらしてきた。そのことは資本の魂である利潤量と利潤率の動向にはっきりと示されている。以下みるように、資本主義における生産力の発展は、利潤率の傾向的低下と利潤量の傾向的増大というかたちで現われる。それが長期停滞下で別のかたちをとるようになっている。まず生産力の発展と利潤率の傾向的低下についてみてみよう。

個別資本は他資本との競争に打ち勝つために、不断に労働生産性を上げようとする。一人の労働者が同じ労働時間のなかでこれまでより多くの原材料に働きかけ、より多くの商品を生産することができるならば、価格を下げても十分に利潤（超過利潤）を獲得できるし、マーケットシェアを拡大することもできる。しかし、このような労働生産性の上昇を実現するためには、多くの場合、最新鋭の機械設備の導入など固定資本の投入が必要となる。だから、機械や原材料などの生産手段の量の労働者に対する比率は生産力の発展とともに大きくなっていく（資本の技術的構成の高度化）。もっとも生産手段の価値（価格）の低下や賃金の変動があるから、技術的構成の高度化がそのまま価値構成の高度化、つまり生産手段の価値（価格）の労働力の価値（賃金）に対する比率が大きくなることに直結するわけではない。しかし、生産力の発展とともに資本の技術的構成は高度化し、それを反映して多かれ少なかれ資本の価値構成も高度化していく。こうして、利潤率（利潤量÷投下総資本）の分母である投下総資本の量が大きくなっていき、利潤率は低下し、同じ量の利潤を得るための資本の効率は低下していく。

　資本は競争に敗退しないために、そして超過利潤を得るために、不断に労働生産性を上げようとし、それに成功した資本は確かに市場で勝利するのである。だが皮肉なことに、その過程で儲けの効率、利

＊25　後藤道夫「日本の労働・雇用はどこまで変わったか」（『経済』二〇二〇年三月号）二一―二三頁。「普通の暮らし」についての詳しい説明は、この論文と中澤秀一「生計費調査からみた子育て世代の「普通の暮らし」」（同前）を参照されたい。

図4　日本企業の利益率と利益額の推移（1961〜2018年度）

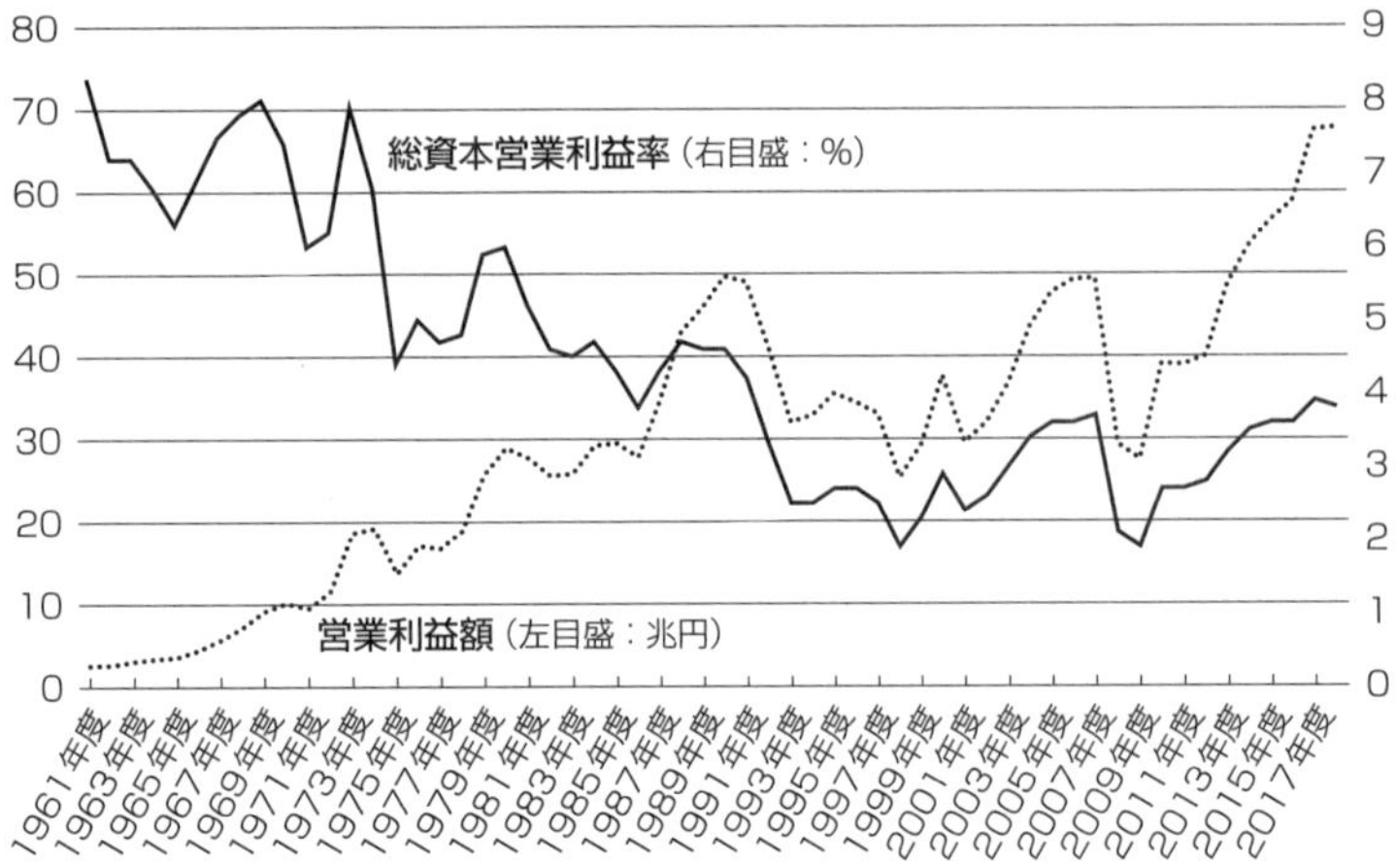

資料：財務省「法人企業統計」から作成。

潤率は低下する。では、利潤率が低下するなかで利潤量が増加する条件はなにか。それは蓄積を強化すること、加速的蓄積を行うことである。たとえば、利潤率が半分になっているもとでは投下資本を倍にしなければ利潤量は維持できないが、投下総資本を倍以上にすれば利潤量は増大する。そして、**図4**にみるように、日本でも高度成長期以降、バブル経済の崩壊までは、つまり資本主義的生産力の発展が実現していた時期には、資本の技術的構成の高度化を基礎として、利潤率の傾向的低下と利潤量の傾向的増大が明瞭に観察されたのである。[*26] すなわち、利潤率は一九六一年度の八・三%から一九九〇年度の四・二%へと低落し、他方、利潤量は六一年度の二兆五九四一億円から一九九〇年度の四九兆六六二五億円へと増加した。

しかし、バブル崩壊以降、利潤率は利潤量の動向に規定されて、利潤量が上がる時期には利潤率も上昇し、利潤量が下る時期には利潤率も下落するというように、両者はシンクロして動くようになった。なぜならば、すでにみてきたように、長期停滞下では増収（売上げ高増加）が見込めないことから設備投資が停滞し、そもそも資本の技術的構成は高度化しない。したがって、利潤率の分母である投下総資本も増加しない。そして徹底した人件費抑制などによって「増収」なき「増益」を実現しようとする。したがって、利潤率の分子である利潤量の動向がストレートに利潤率の動向に反映されることになる。

大まかな傾向は、一九九七年度までは、売上げ高低下→利潤量減少＝利潤率低下、一九九七年度以降は、売上げ高停滞・人件費削減（・ときに輸出増加）→利潤量回復＝利潤率上昇、である。そしてアベノミクス下では、円安効果と人件費の抑制の結果、営業利益額は史上最高の水準に達したのであった。利潤率の傾向的低下と利潤量の傾向的増大の法則とは、資本主義における生産力発展の表われであっ

＊26　厳密にいえば、高度成長期からバブル崩壊にいたる利潤率低下の要因には、一九七五年頃を境に違いがある。七五年以前は技術的構成は高度化したが、賃金上昇などによって、それは価値構成の高度化にストレートに反映されてはいない。七五年以降は明確に価値構成の高度化がみられる。これらの詳細や、なぜここで利潤率の指標として総資本営業利益率を取り上げているのかなどの理論的説明については、拙著『資本主義の成熟と転換――現代の信用と恐慌』（桜井書店、二〇一四年六月）の「第6章　岐路にたつ日本資本主義――利潤率の傾向的低下と日本経済」を参照されたい。

て、設備投資が停滞し生産力が停滞する段階では、いまみたように、「増収」なき「増益」を目指す資本の行動によって利潤量が規定され、その利潤量の増減が利潤率を規定するという特徴が現われるのである。これが、生産力発展という条件が崩れたのちの、利潤動向の特性である。

利潤率の傾向的低下法則を資本主義の自動崩壊論と結びつけて理解する謬論が、しばしばみられる。利潤率が低下し続けるならば利潤量もゼロに近づき、資本主義は崩壊することになるというわけである。しかし、資本は利潤量の増大の見込みがなければ決して追加投資はしない。利潤量増大の見込みがあればこそ、資本は加速的蓄積によって利潤率低下を乗り越えてきたのである。その見込みがなければ資本蓄積は停止する。そのもとで利潤率は下げ止まる。実際、バブル崩壊後の一九九一年の利潤率は四・二%であったが、二〇一八年度のそれは三・八%であり、その間の最低の利潤率は一九九八年度と二〇〇九年度の一・九%、最高の利潤率は一九九一年度の四・二%であった。かくして、資本主義の自動崩壊はない。「増収」なき「増益」を目指す資本の行動を人々が受け入れるかぎり、長期停滞はさらに延びることになる。

7　「限界費用ゼロ社会」論の幻想と現実

しかし、「デジタル化」が長期停滞の突破を可能とし、そして「デジタル化」が資本主義を終わらせるという議論がある。近年注目を浴びてきた、ジェレミー・リフキンの「限界費用ゼロ社会」論がその典型である。[*27] リフキンによれば、IoT（モノのインターネット）の進展が生産性や効率性を極限まで高め、その結果モノやサービスの追加一単位を生み出すコスト、つまり限界費用はゼロに近づき、将来モノやサービスは無料に近づき、その結果、資本の利益は消えて資本主義は衰退し、変わって共有型社会（シェアリング・エコノミー）が立ち現われる。

この議論のひとつの側面は幻想である。たとえいかに生産性や効率性を上げる技術でも、それが利潤量の増大につながらないかぎり資本は決してそのような技術を導入しない。一方、いまひとつの側面は現実であって、使い方によっては限界費用を限りなくゼロにするような技術が育っているということである。この二つの側面を統一するとどうなるか。問題は誰がどのような目的でIoTの技術を使うのかである。また問題は、誰がどのような目的でシェアリング・エコノミーを組織するのかである。それが利潤の獲得と増大を最大の目的とする資本によって担われるかぎり、限界費用ゼロ社会は到来しないし、シェアリング・エコノミーは資本の新たなビジネスチャンスになるだけだということである。「デジタル化」は利潤原理の相対化と結びついてこそ、未来社会の技術的基礎となるのである（この点は第四章で立ち返る）。

*27　ジェレミー・リフキン『限界費用ゼロ社会』（柴田裕之訳、NHK出版、二〇一五年一〇月）。

第二章　分裂するアメリカ資本主義

1　「長期停滞」？　しかし、まだ生産力発展の余地がある

元財務長官のローレンス・サマーズが二〇一三年一一月のIMF〔国際通貨基金〕で行った発言やその後のコラムで、アメリア経済の「長期停滞論」を展開して当時話題になった。リーマンショック以降、アメリカの実質GDPの伸び率は潜在成長率を下回っており、需給ギャップは一〇％にも及んでおり、この傾向からの脱却はきわめて困難であるというのが彼の主張であった。だが、その後のアメリカ経済の復活は予測されたほど悲観的なものではなく、とくに近年では、トランプの大幅減税という劇薬のカンフル剤もあってコロナショック以前には好況が続いていた。ではサマーズの議論は忘れられたかといえば、そうではなかった。たとえば、二〇一九年三月に『ニューヨーク・タイムズ』〔国際版〕がサマーズに言及し、これを『日本経済新聞』のコラム「大機小機」〔二〇一九年五月三一日〕が取り上げている。このコラムによれば、その背景には「米国の失業率は歴史的低水準にあり、経済拡大期間も一〇年に及ぼうとしているのに、なぜ実績〔実質GDP成長率―小西〕がエコノミストの予測を一貫して大幅に下回

図5　主要国名目GDPの推移（1980〜2018年）

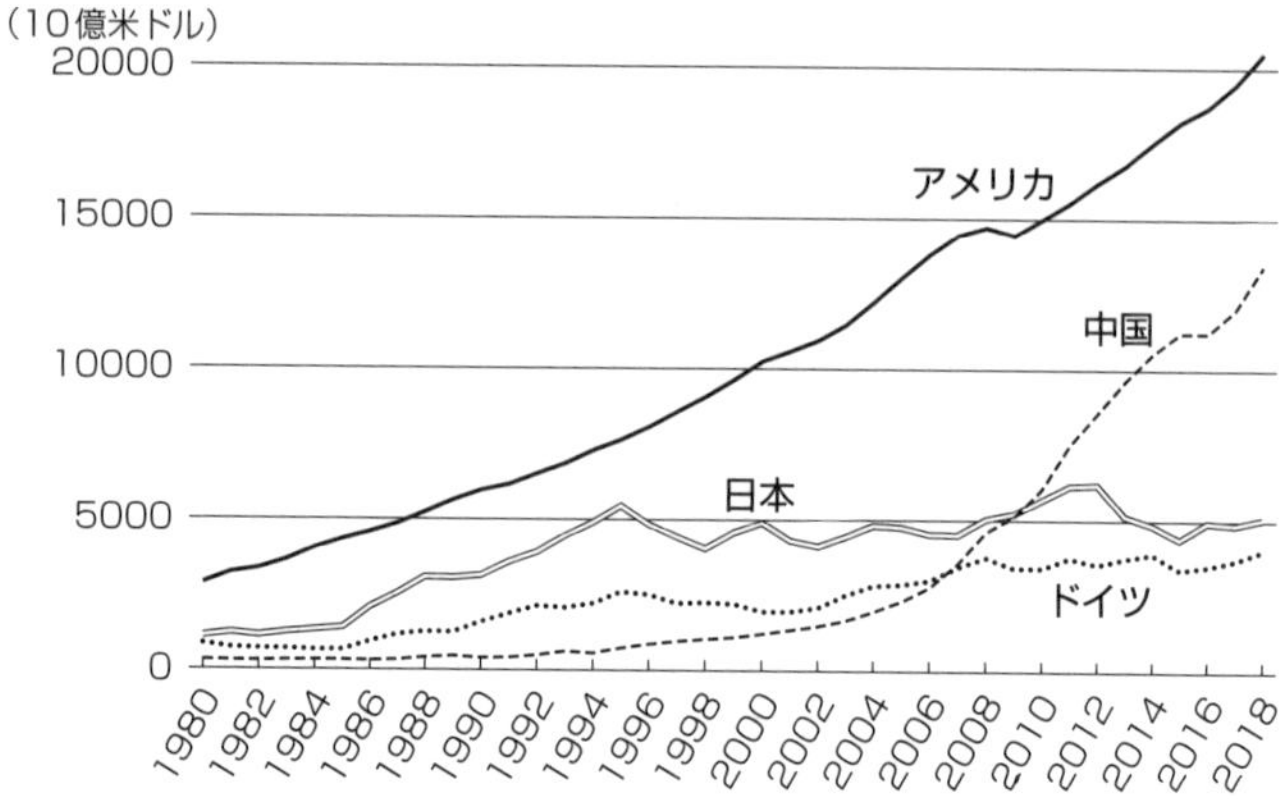

注：2018年はIMFスタッフによる推計値。
資料：World Economic Outlookより作成。

るのだろうか」という問題である。つまりサマーズが予想したほどの需給ギャップは続かなかったが、GDPの伸び率も蓄積率（企業の設備投資のテンポ）も低下傾向をたどってきたということ、さきにアベノミクス下の景気拡大を「だらだら景気」と呼んだことに倣っていえば、アメリカの景気拡大も「ダラダラ景気」であったということである。

さらに振り返ってみると、アメリカの実質賃金低下の歴史は日本よりもはるかに古く、一九七二年をピークとしていまだに実質賃金はその水準に戻っていない。また、アメリカは一九八六年に債務国（経常収支赤字累積国）に転落したことにみられるように米製造業の国際競争力の低下を経験してきた。債務国転落はかのラストベルト形成の画期であった。

しかし、それにもかかわらず、一方ではアメリカは先進資本主義国のなかでは、相対的に高い経済的パフォーマンスを示してきた。図5はそのことを印象的に語っている。この図は円、ユーロ、元のドル換算の際のドル相場の変動の影響で、日本やドイツがマイナス成長を繰り返しているかのような妙なグラフになってはいるが、アメリカ経済が日独の経済とは異なり、リーマンショック以降も比較的順調に成長を続けてきたことを示している。実際、アメリカではリーマンショックで急落した自動車販売台数も、二〇一四年には二〇〇七年の水準を超えるレベルにまで復活していた。また、住宅着工件数も、依然としてリーマン以前には戻っていないものの、着実に回復してきていた。そしてそれらを支える家計の債務も二〇一三年以降再び増加に転じている。*28

つまり、一方で、アメリカは日本に先駆けて資本主義の行き詰まりに直面してもおかしくないような条件、実質賃金の長期にわたる低下や国際競争力の低下があった。他方で、それにもかかわらず、ダラダラ景気だとはいえ、アメリカは先進資本主義国でもっとも高い経済的パフォーマンスを実現してきたのであり、この指標でみるかぎり、アメリカにはまだ資本主義的な生産力の発展の余地が残されているということになる。そして、それが可能であるのは、アメリカには他国にないさまざまな条件があるからである。あらかじめ提示しておけば、国際通貨国、借金大国、移民大国、加えて軍事大国という諸条

*28 アメリカにおける家計の債務の増大の最近の特徴のひとつは、学生ローンの増大である。これが大統領選挙や議会選挙でも大きな争点となってきた。

件である。これらすべてを備えている国はアメリカ合衆国だけである。

2　アメリカの経済成長の構図

移民大国と借金大国

そもそも、実質賃金が伸びないのに市場が拡大を続けるということはいかにして可能となったのだろうか。それは主に二つの要因から説明することができる。ひとつは移民の増加を主因とする人口の増加である。低所得者とはいえ人口の増加が市場の拡大のひとつの、しかし大きな条件となった。アメリカの人口は、一九八〇年の二億二七〇〇万人から二〇一八年の三億二七〇〇万人と、この三八年間でじつに一億人も増加した。合計特殊出生率はアメリカ国内でも人口の停滞から低下への傾向がみられても不思議のない水準を続けている。つまり一億人の人口増加のほとんどは移民の流入によるものであった。そして、移民流入による低所得者層の増大自体が平均賃金である実質賃金の低下の一因でもあった。

いまひとつは家計の債務の増大である。アメリカはさまざまな分野で、つまり対外債務、財政赤字、企業債務、家計の債務で債務大国である。家計部門においては金額ベースでは世界最大の債務大国であり二位のユーロ圏の倍近くに達している。家計の債務において重要なのは住宅ローンと自動車ローン、とりわけ住宅ローンであり、住宅ローンは住宅投資の拡大だけではなく、個人消費の拡大の強力なテコでもある。日本の制度とは異なり、アメリカの住宅ローンは、住宅価格が上昇すれば借り換えなどによって消費者ローンの増大と同じ効果を持つように設計されているからである。

このようにアメリカの成長構造のひとつの枠組みは「移民大国」と「借金大国」という条件であり、増大する移民を中心とする貧困層が借金を積み上げながら住宅を買い、消費をするという構図であった。

国際通貨国――借金大国を続けることができる条件

しかし、国際通貨特権をもたない普通の国であれば、経常収支赤字が拡大していく状況下では債務の積み上げによる国内市場の拡大を続けることはできない。もちろん、経常収支赤字を抱えながら成長しているという国自体は珍しくない。しかし、経常収支赤字が「拡大」していくならば、国際収支対策として引き締め政策をとらざるをえなくなる。財やサービスの輸出入や金融収益の受け払いからなる経常収支の赤字は、対外的な支払いが外国からの受け取りよりも多い状態を意味している。普通の国でみれば外貨ドルの支払いが外貨ドルの受け取りよりも多い状態である。だから、ドル支払いが増加していくとドル不足となる。そうなると輸入等を抑制し、輸出等を促進するために、国内市場の需要を抑制気味にするように運営していくこと、つまり財政金融政策の引き締めが必要となる。一言でいえば、国内市場にデフレ圧力をかけることを余儀なくされる。

アメリカが一九八六年に陥った債務国（純債務国）とは、その時点で対外債務が対外資産を上回っていることが常態化するにいたったという状態であり、これはストック（一定時点での残高）の統計である。一方、国際収支とは一年間というような一定期間の一国の対外的受け払いを記録するフローの統計である。この両者はどのような関係にあるかといえば、フローの記録である経常収支赤字額が累積し、過去の経常収支黒字の累積額を越えると純債務国に転落するという関係にある。

アメリカは一九一四年、第一次大戦が始まる年に債権国になった。それ以降、アメリカは経常収支黒字累積国になった。そして第二次大戦後は世界最大の債権国として君臨し、一九八一年には史上最高の一四〇九億ドルの対外純資産を記録し、八二年にも一三六七億ドルの純資産を保有していた。約七〇年間の経常収支黒字累積の成果である。ところが純資産は、一九八三年に八九〇億ドルに減少したのち、八四年にはわずか三三億ドルに激減し、当時の統計では八五年にはついに一一一四億ドルの債務超過となり、世界最大にして史上最大の純債務国に転落したのである。[*29] 一〇〇〇億ドルを超える史上最大の債権国が、わずか三年間で一〇〇〇億ドルを超える史上最大の債務国に転落したということは、約七〇年間に累積した経常収支黒字の倍にのぼる経常収支赤字をたった三年間で記録したということにほかならない。当時の衝撃のほどがわかるであろう。そしてその後も、アメリカの経常収支赤字は継続し、対外債務は増え続けた。

それにもかかわらず、アメリカはデフレ政策を強いられることなく、諸債務を積み上げながら国内市場拡大を続けた。それはドルが国際通貨であるというドル特権があるからであり、自国通貨ドルで対外的支払いを続け、ドル建ての対外債務を積み上げていくことができたからである。

だが、注意すべきは、国際通貨国といえども経常収支赤字が国内の購買力の国外への流出であるという点では他国と同じであり、雇用と所得の国外への流出であることに変わりはないということである。アメリカ人がデトロイトで生産された車を買えば、雇用と所得はデトロイトで生まれる。しかし、アメリカ人が愛知県で生産された車を買えば、雇用と所得は愛知県で生まれる。自国通貨ドルで支払えるからといって、経常収支赤字拡大を無視することはできないのである。だから一九九〇年代前半まで、アメリカは経常収支赤字の縮小のための経済外交に躍起になって取り組んだのである。日米関係でみれば、一九八九年から九〇年の「日米構造障壁協議」、九三年の「日米包括経済協議」、九四年以降の「年次改革要望書」などの一連の流れや、一九九三年春から九四年春までの米当局者による円高誘導の口先介入などは、アメリカが必死で経常収支赤字を縮小しようとしていた証である。アメリカは、国内の引き締め政策を回避して、円高誘導の為替政策や日本の市場開放、あるいは市場改造を強要することで経常収支赤字を縮小しようとしてきたのである。

＊29　アメリカが債務国に転落したと騒がれたのは一九八五年である。しかしその後、統計の改定があって債務国転落はさきに記したように八六年になっている。また、その後も統計の改定が続いているので、ここに掲げた数値も変動する。しかし、ここでは大きな流れをつかむことが大切である。

アメリカ政府の経常収支赤字への対応の変化――新たな成長構造の「発見」

しかし、一九九〇年代後半のいわゆるニューエコノミー期に、アメリカはある「発見」をした。それは「デジタル化」と「金融化」を軸とする成長構造である。

一九九〇年代を通じてアメリカの経常収支赤字はGDP比六％台に達するほどに急拡大をした。しかし一方、国内経済は拡大を続け、財政赤字も縮小した。とくに九〇年代の後半は景気が拡大しても物価や賃金がさほど上昇しないという事態がみられ、アメリカの景気は過熱をともなうことなく拡大し続けることができる新しい段階に入ったのだ、という「ニューエコノミー論」が喧伝された。当時、ニューエコノミー論の主要な論拠とされたのはアメリカ経済における「デジタル化」の進展にともなう生産性の向上であった。

こうした経緯を経て、一九九九年の『大統領経済諮問委員会年次報告』[*30]は「良い経常収支赤字」と「悪い経常収支赤字」論とでも呼ぶべき見解を示していた。一九九九年は九七年のアジア通貨危機、九九年のロシア通貨危機とそれに連動したヘッジファンドLTCM（ロングターム・キャピタル・マネジメント）の破綻を契機とする危機をも乗り越えて、アメリカが「ニューエコノミー」を満喫していた時期である。同報告の「第6章　グローバル経済下での資本移動」は、次のように主張している。経常収支赤字といっても、アメリカの場合は、良質で安価な中間資本財を手に入れており、それが国内の生産的な投資に結びついている。とくにICT関連産業で、その効果は顕著である。また、経常収支赤字によって海外に流出したドルはアメリカの金融資本市場に対米投資として還流しており、株式市場などの活況の条件となっている。アメリカの経常収支赤字は生産的投資を反映する「良い」経常収支赤字であり、途上国にみられるような財政赤字拡大を反映する「悪い」経常収支赤字とは違うのだ。そして経常収支黒字大国なのに経済停滞を続けていた日本を引き合いに出して、経常収支赤字は悪いとする固定観念を退けている。

もちろん、アメリカが経常収支赤字拡大を放置できるのはドル特権があるからであり、他国にあってはそのような政策態度はありえない。また、過熱なき景気拡大の期待は早くも二〇〇〇年のＩＴ関連株の暴落以降、幻想であることが明らかとなった。しかし、アメリカ政府が強調した「デジタル化」を軸とする生産的投資、グローバルな「金融化」のもとでの対米資本流入の増加は、たしかに新たなアメリカ経済の特徴を示していた。

＊30　US Government Printing Office, Economic Report of the President (1999), Washington (『アメリカ経済白書』毎日新聞社、一九九九年)。邦訳二五三—二六五b頁。

3　ＩＣＴ産業の勃興と「金融化」の進展

いまみたように、一九九〇年代後半以降のアメリカにおける経常収支赤字の見方の変化は、ＩＣＴ産業の勃興と「金融化」の進展という二つの要素と結びついていた。

クリントン政権当時の副大統領のアル・ゴアの情報スーパーハイウエイ構想はそれ自体としては実現しなかったが、九〇年代にアメリカは国家戦略として情報通信産業の育成を位置づけ、また、軍事技術として開発されたインターネットの開放によってネット社会の到来をリードした。このなかでマイクロソフトのウインドウズ95の普及にみられるように、九〇年代後半のいわゆるニューエコノミー期はＩＣＴ産業の確立の時期であった。ＩＴバブルの崩壊といわれた二〇〇〇年の軽度のリセッションも、ＩＴ関連株価の崩壊であって、ＩＴ産業そのものの崩壊ではなかった。そして二一世紀に入って、今日、ＧＡＦＡと総称されるような世界的なＩＣＴ関連巨大企業が成長してきた。もちろんＩＣＴ関連産業といっても、その業態はファブレス型製造業、検索連動型あるいはＳＮＳ利用型の広告業、インターネット上の流通業などさまざまであるが、ＩＣＴ関連産業はアメリカ経済の新たなリーディング産業となってきた。かつて第二次大戦後の時期に、アメリカの航空機産業の展開などをはじめとして、軍事技術のスピンオフ効果が注目された時期があった。ＩＣＴ化やＡＩの登場は軍事技術と民生用技術との相互発展の新たな段階を形成しつつある。BEA（Bureau of Economic Analysis）のワーキングペーパー[*31]によれば、「デジタルエコノミー部門」は二〇〇六年から二〇一六年の間に、アメリカ経済全体の毎年の伸び率一・五％を上回る五・六％の成長を遂げた。

次に「金融化」についてみれば、一九九〇年代に「金融化」は新たな段階に入った。ひとつには、アメリカの経常収支赤字が急拡大するなかで増大したドル残高（外国人保有のドル）がアメリカの国債市場や株式市場に還流するという国際的資金循環の拡大である。いまひとつはインターネットの登場とICT技術の展開によって新しい金融商品、金融取引技法が拡大し、金融のグローバル化が進展したことである。とくに、ブッシュ政権の登場とともに掲げられたオーナーシップ社会のスローガンのもと、サブプライムローンなど住宅ローン市場が拡大し、さらにこれらのローンも組み込んだ証券化商品の開発、シンセティックCDO（SCDO）を頂点とする仕組み債の開発と拡大が進展した。そして、「金融化」はアメリカの住宅投資、個人消費拡大の梃子となった。

リーマンショックはインフレ懸念の到来による二〇〇四年の金融緩和政策の引き締め政策への転換を契機とする住宅販売の鈍化、住宅価格の反落がもたらした「金融化」の頓挫であった。これ以降あからさまな詐欺的金融取引の禁止や金融機関経営の「健全性」の強化が行われた。そしてリーマンショック

＊31　BEA（Working Paper）"Defining and Measuring Digital Economy"（3/ 15/ 2018）。

以降、SCDOのような仕組み債の取引は急減した。しかし、近年ではかつての住宅ローン市場におけるサブプライムローンにかわって事業部門のビジネスローンがGDP比で歴史的な高水準になっている。しかも、ビジネスローンのなかでもレバレッジドローンという信用格付けの低い貸付、さらにレバレッジドローンのなかでも融資条件のきわめて甘いコベナンツローンの比率が急増してきた。そしてこれらビジネスローンを証券化したCLO（ローン担保証券）が世界中に販売されるという事態が進展してきた。[*32]

こうして「金融化」は復活し、超金融緩和政策と財政支出の拡大を支えとして「デジタル化」と「金融化」を軸とする成長構造も復活した。だが、リーマンショック以降が一九九〇年代後半以降の成長構造の復活というだけであれば、なぜトランプの登場だったのかは説明できない。

4　「デジタル化」・「金融化」は中間層の没落と貧富の差の拡大の問題を解決しなかった

「デジタル化」の恩恵は一部の層に限られている

「デジタル化」については第四章であらためて検討するが、「デジタル化」は債務国転落にみるようなアメリカ製造業の国際競争力の低下と、それによる中間層没落の受け皿にはならなかった。そもそもラストベルトから吐き出された労働者はどこに向かったのかということである。関連して、流入し続けてきた移民労働者はどこへ向かったのかである。統計は、この間の雇用拡大が賃金水準の低い産業（飲食業に典型的な個人サービス業や流通業など）に集中してきたことを示している。一九九〇年代後半以降に顕著となったICT産業の拡大によって関連する対企業サービスの分野も拡大した。しかし、製造業全体では長期停滞を脱することはできていない。ラストベルトから吐き出された労働者と移民労働者はICT産業や関連する対企業サービス分野に流入できたのではなく、劣悪な労働条件の職場へと流入するほかはなかったのである。ここにラストベルトの白人労働者と移民労働者の競合が生じてきたのであり、アメリカの中間層の没落が始まったのである。ここで重要なのは、ICT関連産業は従来のリーディング産業と比べて雇用吸収力が低いという事実である。重化学工業にせよ、自動車産業のような加工組立型産業にせよ、かつての製造業が大きな雇用吸収力をもつ文字通りのリーディング産業であったこととくらべると、ICT関連産業は売上げ高と収益力の巨大さにくらべて雇用面では限られた役割しか果たしていない。GAFAでも物流を抱えるアマゾンではさすがに雇用者数は大きいが、その他はそうではない。

実際、さきのBEAのワーキングペーパーによれば、「デジタルエコノミー部門」は二〇一六年のアメリカの名目GDPの六・五％を占めているが、雇用ではアメリカの全雇用の三・九％にとどまっている。そして、同じ年のアメリカの全労働者の年平均所得六万六四九八ドルに対して、「デジタルエコノミー

＊32　ビジネスローンにかかわる記述は、FRB, "Financial Stability Report," 28/ 11/ 2018 による。

部門」の労働者はその一・七倍の一一万四二七五ドルの所得を得ている。

「金融化」は資産格差と所得格差を拡大した

「金融化」については第三章であらためて検討するが、「金融化」の進展は資産格差と所得格差の拡大をもたらした。アメリカの中央銀行であるFRB(連邦準備制度)のSCF(Survey of Consumer Finances)[*33]によれば、二〇一六年にはアメリカの家族(families)が保有する総資産のうち上位一%の家族が三八・六%を保有しており、次の九%が三八・五%を保有していて、上位一〇%がじつに七七・一%、八割近くを保有している。所得格差もすさまじい。同年にアメリカの家族が得た総所得のうち上位一%が二三・八%、次の九%が二六・五%、上位一〇%の家族が五〇・三%の所得を得ている。現在のかたちでのこの調査は一九八九年に始まったのであるが、同報告は二〇一六年の上位家族の富の占有比率は「歴史的な高レベルに達している」と指摘している。

このような所得格差と資産格差を生む要因は、なによりも上位家計による金融資産の保有である。資産格差は株式やファンドの持分などさまざまな金融資産を彼らが巨額に保有していることの反映であり、それが生み出す金融収益が富裕層の所得を拡大している。では、なぜ格差拡大で金融資産が重要かといえば、実体的な経済活動とは異なり、金融資産は所有しているだけで富が増える可能性があり、金融資産保有は濡れ手に粟の錬金術を可能とするからである。そのことを理解するためのキーワードは「時価」である。保有金融資産の時価が上昇すれば、所有しているだけで「富」は増大する。実物資産の場合は、保有しているだけではむしろ中古品として価値は下がる。

金融取引における錬金術についての詳細は第三章で立ち返ることにして、ここでは、いまみたように、「金融化」が資産格差を拡大し、所得格差を拡大してきたことを確認しておこう。二〇一一年のオキュパイの運動はこの格差拡大への反発であった。だが、前回の大統領選挙の民主党候補であったヒラリー・クリントンの民主党はウォール街を批判しない。かつてのクリントン政権の最大のスポンサーのひとつが世界的な保険会社(AIG)であったように、それはむしろウォール街と親和的である。オキュパイ運動に示された「体制批判」はヒラリーではなくサンダースにつながったのであり、さらには二〇一八年の中間選挙でのブルーウェーブと呼ばれる若者やマイノリティーの運動につながったのである。

5　コロナパンデミックで潤うデジタル企業とビリオネア

「デジタル化」と「金融化」がアメリカ社会の格差を拡大してきたことを象徴的に示し、可視化する出来事がコロナパンデミック下で生じている。

＊33　"Federal Reserve Bulletin," September 2017, Vol. 103, No. 3.

図6　2020年3月23日〜6月9日までの
5大ハイテク企業の株価上昇率

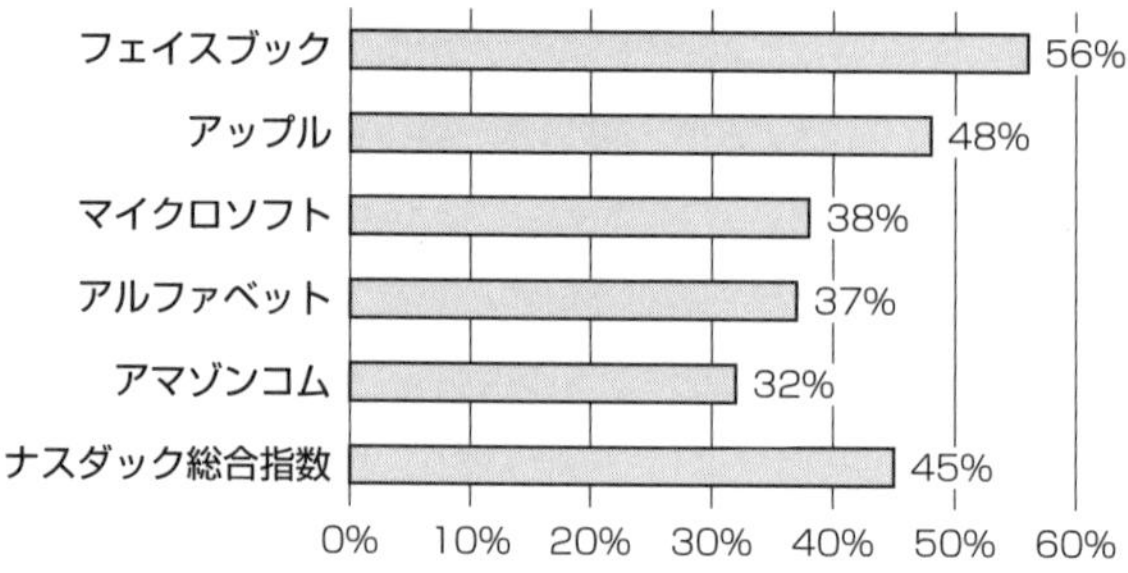

資料：『東京新聞』2020年6月11日付より転載。

図6は、ハイテク株が中心のナスダック市場で二〇二〇年三月末の安値以降六月九日までのアメリカのハイテク企業五社の株価上昇率を図示している。フェイスブックの五六%からアマゾンコムの三二%にいたるまで大小はあるがハイテク株は軒並み急上昇し、その結果、ナスダック総合指数も四五%上昇し九日に一万の大台を超えている。この背景はコロナパンデミック下でのテレワークなどの急増である。「米国では労働者の推定三五%が在宅勤務となり、コミュニケーションの中心はリアルからネットに移行。ハイテク企業が提供するテレビ会議やネット通販などの需要が急増し、「二年分のデジタル変革がわずか二週間で起きた」(マイクロソフトのナデラ最高経営責任者)とされ、収益アップの期待が株価を押し上げた」。そして一方で、「この間二〇〇〇万人以上が職を失い、実店舗を抱える百貨店や衣料品チェーンが相次ぎ経営破綻」をしている(『東京新聞』二〇二〇年六月一一日付)。

注目すべきは、株価急騰が、ハイテク株を保有するビリオネアたちの個人資産をさらに膨張させたことである。Forbess JAPAN

が二〇二〇年六月三〇日に配信した記事[*34]によれば、「パンデミックの発生以降、六兆五〇〇〇億ドルの世界財産が消滅した一方で、米国のビリオネアの資産はあわせて五八四〇億ドル以上も増加している」。ジェフ・ベソス（アマゾンコム）、ビル・ゲイツ（マイクロソフト）、マーク・ザッカーバーグ（フェイスブック）、ウォーレン・バフェット（投資家）、ラリー・エリソン（オラクル）という「米国のビリオネアトップ5の資産は、パンデミック発生以降、合計で一〇一七億ドル（二六％）増加した」。それ以外のビリオネアでも資産を五倍以上に増やした者もいる。「米国に全国で六四三人いるビリオネアの純資産の合計額は、二兆九〇〇〇億ドルから三兆五〇〇〇億ドルに増加し」、「それと同じ時期に、米国で四五五〇万人にのぼる人が失業保険を申請している」。「米国のビリオネアが増やした資産の総額は、連邦政府が景気刺激策として一億五〇〇〇万人以上の国民に支払った一時給付金の総額の二倍にのぼるという」。

6　分裂するアメリカ資本主義

アメリカには他の発達した資本主義国にはない条件がある。国際通貨国、借金大国、移民大国、加え

＊34　この記事はアメリカのシンクタンク（Institute for Policy Studies と American for Tax Fairness）が二〇二〇年六月一八日に公開した分析をもとに書かれている。

て軍事大国という条件である。これが実質賃金停滞のもとで市場の限界を繰り延べる条件をなしてきた。そして一九九〇年代後半以降、二〇〇〇年の軽微なリセッションを挟んでリーマンショックまで続いた「デジタル化」と「金融化」を軸とする成長構造が、リーマンショック後も復活している。しかし、それはアメリカ経済の問題の解決ではなく、製造業の没落・停滞を反映して白人労働者は没落し、移民労働者は低賃金産業への流入し、これによって所得格差の拡大が進んできた。加えて「金融化」の進展のなかでの資産格差が途方もなく拡大してきた。つまり、さきの四つの条件はアメリカ経済のマクロ的な成長を可能としたが、それは中間層の没落と格差の拡大、平均的な国民の困窮と生活不安を助長してきたのである。

トランプ現象はこうしたアメリカの矛盾の戯画的な表出である。それが戯画的であるのは、トランプの貿易戦争も不法移民流入阻止も、国際通貨国、移民大国というアメリカ経済の枠組みを破壊するものであるからである。他方、クリントンに代表される既存民主党も、「金融化」の問題には無力であり、借金大国の病巣に対しては無力である。アメリカでは国民皆保険の思想、われわれからみればブルジョア民主主義的要求でさえ「社会主義」と表現されるように、きわめて遅れた、生まれながらの新自由主義者がまだ跋扈している。しかし、トランプ現象は、保守党の極右と中道派の分裂、民主党のエスタブリッシュメントと左派との分裂など、長く続いた二大政党制の事実上の崩壊が始まりつつあることを示している。

二〇二〇年五月二五日にミネアポリスで、黒人男性ジョージ・フロイドさんが白人警官によって頸部を圧迫されて死亡させられるという事件が起こった。この事件を契機に、全米で、そして世界で抗議運動が急速に拡がった。これはもちろん人種差別への抗議が第一であるが、多くの人が指摘しているように抗議運動の拡がりの背景には世界で拡がる所得格差、資産格差、地域格差、教育格差等々のさまざまな格差への怒り、そしてコロナパンデミックにおいて格差がいっそう拡大し、さらに格差構造がそのまま感染者や死亡者の偏在構造となって現われてきた、ということへの怒りがある。

こうしていま、資本主義の中心地アメリカでも、市場信仰、競争信仰、自己責任論と結びついている資本主義への幻想が急速に薄れつつある。

追記

本書を脱稿した後、アメリカではトランプの退場が決まりつつある。これはひとまず明るいニュースである。しかし、これによってトランプという「ならず者」の登場を許したアメリカの現実が変わったわけではない。バイデン新大統領はトランプ以前の状態にまで諸関係を戻すことはできるかもしれないが、アメリカの根本的病理と立ち向かうことはできないだろう。

トランプの四年間でわかったことのひとつは、大統領権限の途方もない大きさであり、その野放図な行使の恐ろしさである。国際条約も国内政策も大統領ひとりの署名でいともたやすく反故にされてきた。大統領令は、ものごとを創り出すという点ではそれほど有効ではないが、ものごとを破壊するという点では絶大な力を持っている。いまひとつは、アメリカの大統領選挙制度と選挙運動の隠しようのない劣化である。本章で述べたように、二大政党はいまや民意を反映する枠組みではなくなっている。それにもかかわらず、選挙制度と選挙運動のスタイルがこの枠組みを「保証」し「再生産」している。

大統領権限も、大統領選挙の枠組みも、かつては合理的な存在理由があったであろう。だが、いまやその合理性は失われている。今後のアメリカの「社会革命」の進展のなかで、困難ではあっても、アメリカの政治制度の枠組みそのものの変革が不可避となるだろう。

第三章　資本主義の行き詰まりとしての「金融化」現象

アメリカ経済の「デジタル化」と「金融化」はアメリカ資本主義が抱える問題の解決ではなかった。だが、密接な関係をもって展開してきたこの両者は、資本主義の未来とその後についてまったく異なる役割をもっている。まず「金融化」についてみてみよう。

1　「金融化」の展開

その始まり――アメリカの対外赤字拡大と金利・為替リスクの増大

「金融化」というタームはまだ使われていなかったが、グローバルな金融活動がまるで賭博場での賭けのように展開するありさまを「カジノ資本主義」という絶妙なネーミングで浮かび上がらせたのは、スーザン・ストレンジの同名の著書であった。原書が出たのは一九八六年のことである。[*35] このことにみ

＊35　Susan Strange, *Casino Capitalism*, Manchester University Press, 1986.　スーザン・ストレンジ『カジノ資

るように、国際金融活動のカジノ化、あるいはマネーゲーム化が目立つようになったのは八〇年代前半であった。その背景には一九七一年八月の金ドル交換停止と固定相場制の崩壊などいくつかの出来事がある。

戦後の固定相場制の仕組みは、各国が自国通貨の対ドル公定基準為替相場を決め（円は一ドル三六〇円）、そのレートを維持するためにドル準備をもって為替市場に介入するというものであった。[*36] たとえば、日本は国際収支の赤字が続くと、外国から受け取るドルよりも外国に支払うドルのほうが多くなり、ドル売り円買いよりも円売りドル買いのほうが大きくなるので、為替市場で円の対ドル相場が下落する。そうすると日銀は、大蔵省（当時）の代理人としてドル売り円買いを実施して、円の下落を阻止して公定対ドル相場を維持しなければならない。逆に日本の国際収支の黒字が続くと、円の対ドル相場は上昇し、日銀は円売りドル買いを実施して円の上昇を抑制して公定対ドル相場を維持しなければならない。

一方、アメリカは、各国が対ドルレートの維持をしているのだから為替市場に介入する必要はない。そのかわり、アメリカの財務省は各国の通貨当局の請求があればドルと金を公定レート（金一オンス三五ドル）で交換する義務を負っていた。アメリカの国際収支の赤字には相手国（たとえば日本）の対米国際収支の黒字が対応するから、アメリカの国際収支赤字拡大→円の対ドル相場上昇→日銀の円売りドル買い介入→日本のドル準備の増大、という経路をたどることになる。そこでドル準備が増加する黒字国日本の通貨当局が請求すれば、アメリカはドルを引き取って金を渡すことになる。このように固定相場制はアメリカの金ドル交換義務と各国のドル介入義務の双務的義務によって成立していたのであり、いいかえれば、対外赤字を最終的には各国はドル決済、アメリカは金決済で行うという仕組みであり、アメリカも含めて国際収支節度が課された世界であった。

しかし、アメリカの国際収支赤字が拡大するなかで、アメリカの金準備は一九四九年当時の史上最高の保有額であった二四九億ドルから七一年には一〇〇億ドル割れ寸前にまで減少し、その年の八月にアメリカは金ドル交換停止を宣言した。その後、各国の妥協の産物として「スミソニアン体制」と呼ばれた固定相場制の再建が試みられたがそれも続かず、結局、一九七三年二月から三月にかけて、欧米や日本などの主要国はドル介入義務を放棄することになり、ここに変動相場制が常態化していった。

こうして、以降、今日までの半世紀の間に国際金融の世界では二つの変化が進行した。第一は、アメリカの国際収支赤字の歯止めがなくなり対外赤字が拡大したことである。他方、各国は介入義務はないとはいえ相変わらず国際通貨ドルが必要であった。ここに、アメリカの国際収支節度の放棄と各国の国

本主義　国際金融恐慌の政治経済学』(小林襄治訳、岩波書店、一九八八年)。

＊36　戦後の固定相場制の仕組みを決めたＩＭＦ原協定では、加盟各国は対ドル公定基準相場の上下一%の範囲内に対ドル相場を維持することを規定していたが、実際には、日本は〇・五%、欧州各国は〇・七五%という幅で運用された。

際収支節度の必要という、非対称的な世界が定着した。第二は、変動相場制のもとで為替変動リスクや金利変動リスクが増大し[*37]、リスクを回避するヘッジ取引、リスクを利用する投機取引、為替や金利の市場での差異を利用した裁定取引という金融リスクにかかわる取引が急増し、デリバティブにみられるようなその取引手法の高度化が進んできた。ドルがあふれ出し、それがリスク絡みの取引に投入されていく世界である。しかもこの世界は、先進資本主義国での高成長が終わり、実体経済が停滞するなかで出現したのである。ストレンジが見たのは、実体経済が停滞しているのにリスクをネタとするカジノ的な国際金融活動が活発になるという転倒的な世界であった[*38]。

ＩＣＴ技術の発展、投資ファンドとノンバンクの増大

国際金融のカジノ化は一九九〇年代に入ると新しい段階を迎えた。ひとつには、九〇年代を通じてアメリカの経常収支赤字がＧＤＰ比六％に達するほどに巨額化したからである。いまひとつは、ＩＣＴ技術の急速な発展に支えられて、為替・金利リスクをめぐる取引手法や金融取引技法、新たな金融商品の開発などが急速に進んだからである。デリバティブや証券化の技法の「発展」がそれである。一九九〇年代の先進資本主義国のＧＤＰの伸びは八〇年代よりもさらに低下する傾向がみられたが、その一方で、国際的なマネーゲームは規模も技法も格段に増強されたのである。そして金融の規制緩和がこの動きを加速した。

だが、二一世紀に入って「金融化」という用語が使われ始め、それが普及していった理由は、ほかに

もある。ひとつは、さきに日本企業において経常利益が営業利益を越えている事態を紹介したが、金融機関ではない普通の事業会社においても、金融収益が重要性を増してきたことである。日本ほどではないにしても、先進資本主義国の成長率は傾向的に低下してきており、蓄積率も低下してきた。つまり利潤を本業の拡大に回すのではなく、金融資産として運用するということが定着してきたからである。

いまひとつは、「ファンド資本主義」という用語が登場したことにみられるように、事業会社、年金基金や保険会社のような機関投資家、大資産家（ビリオネア）等がヘッジファンドをはじめとする投資ファンドを利用することが増加し、各種ファンドが急速に増大してきたことである。そしてこれらの動きとつながりながら、ノンバンク（あるいはシャドーバンキング・システム）といわれる米国政府やF

＊37　為替の変動と金利の変動は連動してはいるが、金利変動リスクの増大が実際に顕在化するのは、一九七九年一〇月にボルカーがFRB議長に就任して、金利よりもマネーストック（当時はマネーサプライと呼んでいた）重視の金融政策を展開したころからである。

＊38　このような事態は日本でも「金融肥大化」現象として注目されていた。筆者が久留間健、山口義行との共編著『現代経済と金融の空洞化』（有斐閣、一九八七年六月）で対象としたのもこのような現象であった。なお、カジノ化が本格化した時期が一九七三年以降ではなく八〇年代前半にまでずれ込んだ理由については、興味のある方は前掲拙著『資本主義の成熟と転換』の第5章第1節のなかの「2　なぜ一九八〇年代前半に「カジノ化」が本格化したのか」を参照していただきたい。

RBの規制が及ばない金融機関が増加してきた。かつてストレンジがみたのは、なによりも大手商業銀行のディーリングルームの変化であった。しかし二一世紀のカジノの主要プレイヤーは、リーマンショックまで、監督当局の規制の及ばない投資銀行（当時）[*39]やヘッジファンドやSIVやABCPコンデュイット[*40]などのノンバンクであった。しかし、このことは商業銀行がお役御免になったことを意味しない。SIVやABCPコンデュイットなどの多くは商業銀行のいわば別動隊であって、銀行が自らのバランスシートを膨張させることなく資金調達・運用をするための別動隊である。しかし、とはいえ、一九八〇年代前半と異なり、カジノのプレイヤーが増大し、それらの資金調達方法も伝統的な預金ではなく、証券担保で短期の資金をやりとりするABCP市場やレポ市場という資金調達市場の比率が増大していった。リーマンショックを経て、これらノンバンクへの規制も強化され、金融資本市場におけるその位置も相対的に減退しているとはいえ、シャドーバンキング・システムは現在でも機能し続けている。

いまや「金融化」現象は一握りの国際金融市場のプレイヤーの話ではなく、現代資本主義のシステム全体の特徴を示すものとなっている。

2 「金融化」はどこまで進んでいるか――「金融化」の幻影

ところで、「金融化」現象は、それを肯定的な現象として捉える論者も、それを否定的な現象として捉える論者も、共通して、「金融化」の進展を実体経済との関係で過大に評価する傾向がみられる。それは、金融取引の増大と金融資産の膨張が、実体経済の動向とは無関係に一方的に展開しているかのようなイメージである。そこで実体経済の指標としての名目ＧＤＰの動向と金融資産総額や株価の動向との量的な比較によって、両者の動向が密接に関係していることをまず確認しておこう。

実際に、「金融化」はどこまで進んでいるのか。残念ながら現時点では、実体経済におけるＧＤＰ統計などに照応するような、グローバルな金融活動の全体を把握できる統計は存在しない。それでも、ここでは二つの指標で概観してみよう。

ひとつは金融安定化理事会（ＦＳＢ：Financial Stability Bord）[*41]の資料である。ＦＳＢが毎年公表してきた

＊39　「当時」と追記したのは、リーマンショック以降、それまでの投資銀行は姿を消し、銀行持ち株会社の傘下に入るなどで、監督当局との関係も変化しているからである。

＊40　ＳＩＶ（Structured Investment Vehicle）は証券担保で短期資金を融通し合うレポ市場から、ＡＢＣＰ（Asset-backed Commercial Paper 資産担保コマーシャルペーパー）コンデュイットは資産担保つきの短期社債ＣＰ（なお、ＣＰはもともとは優良企業の無担保の短期社債である）でＡＢＣＰ市場から、それぞれ短期資金を調達し、金融資産に運用している。

＊41　金融安定化理事会には、二五か国・地域の中央銀行、金融監督当局、財務省、そしてＩＭＦ（国際通貨基金）、世界銀行、ＢＩＳ（国際決済銀行）、ＯＥＣＤ（経済協力開発機構）等の代表が参加してい

“Global Monitoring Report on Non-Bank Financial Intermediation”では、世界のGDPの八割を占める国々の中央銀行、市中銀行、保険会社、年金基金、ノンバンク仲介業など、ほぼすべての業態の金融機関の保有金融資産総額の推計が公表されている。それによれば、二〇一〇年当時の世界の金融機関が保有する金融資産総額は二四九兆ドルで、その年の世界の名目GDP総額六六兆ドルの三・八倍であった。そして二〇一八年には金融資産総額は三九九兆ドルでその年の名目GDP八五兆ドルの四・五倍であった。[*42]

ここにみるように、二〇一〇年から一八年までの九年間に、名目GDPは一・三倍であるが、金融資産総額は一・六倍で、金融資産の伸びは実体経済の伸びを上回っている。そもそも、「金融化」の基礎には、現実資本の蓄積の停滞とそれを反映する貨幣資本の蓄積の進展があるのだから、この伸び率の差はそのことを端的に示している。

では、金融資産総額がGDPの三・八倍とか四・五倍というような数字はなにを意味しているのだろうか。これは一面では、金融活動とその結果形成される金融資産の巨額さを示している。しかし、これらの数値をみて、実体経済とはまったく無関係なところで金融活動が自立的に展開され金融資産が蓄積されている、というように理解するとすれば、それはまったくの幻影である。というのは、金融資産総額には膨大な重複が含まれているからである。

たとえば、Aが預金通貨でファンドBの持分を一〇〇取得したら、Aの金融資産は預金の形態では一〇〇のマイナスになり、新たなファンドの持分という形態で一〇〇のプラスとなる。ファンドBの側では新たに一〇〇の預金を手に入れる。この段階で金融資産は出発点のAの預金一〇〇の二倍、つまりAのファンドの持分一〇〇とファンドBが保有する預金一〇〇の合計二〇〇になっている。そしてファンドBが一〇〇の預金で金融資産Cを買うと、ファンドBは預金形態で一〇〇を失い、金融資産Cというかたちで一〇〇を得る。そして金融資産Bの売却者は一〇〇の預金を得る。結果、Aのファンド持分一〇〇＋ファンドBの金融資産C一〇〇＋Cの売り手の預金一〇〇、計三〇〇となり、当初の三倍となる。実際の金融取引ははるかに複雑に絡み合っており、重複の程度もとても三倍ではすまないであろう。だからまた、かりに金融機関だけでなくすべての非金融企業や個人の金融資産を加えれば、世界の金融資産総額はさらに巨額になるであろうが、非金融企業や個人の金融資産はいずれかの金融機関の負債や資産と重複して計算されることになる。

実体経済や実物資産の場合と異なり、金融資産の統計には膨大な重複が含まれていることに加えて、金融資産の多くは取引相手の金融負債が対応しており、金融資産の蓄積の多くは、資産・負債両建てでの蓄積であり、金融負債の蓄積でもある。これも実物資産の蓄積とは違うところである。

金融活動や金融資産と実体経済との距離感を見るために、いまひとつの指標を紹介しておこう。

る（二〇一九年末現在）。

＊42　ＩＭＦ資料による。

図７　世界の名目 GDP と株式時価総額の推移

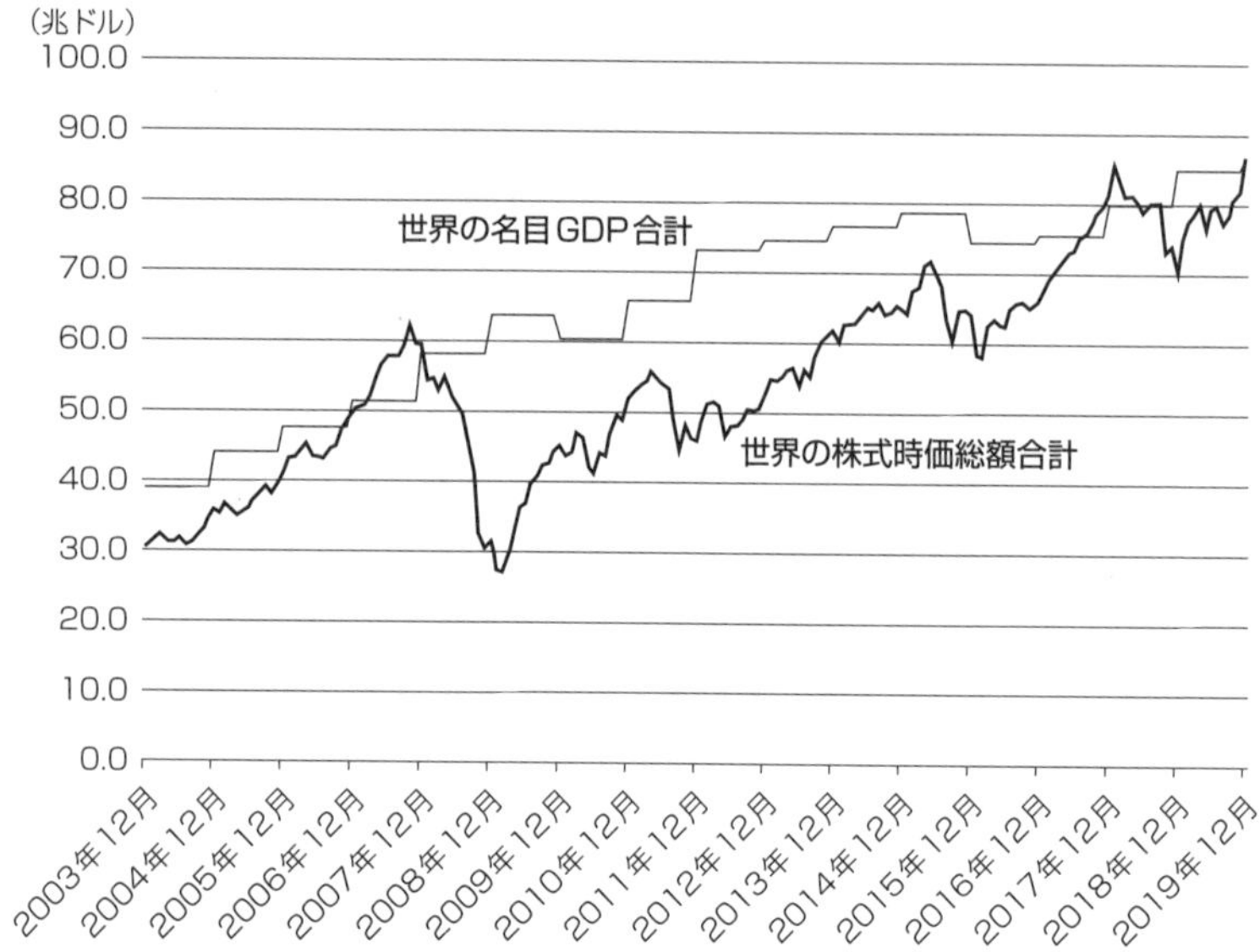

注：2019 年 12 月は IMF 予測値。
資料：Financial Star より転載。

図７は名目ＧＤＰと株式時価総額の推移をプロットしたものであるが、これは俗に「バフェット指標」と呼ばれる指標である。第二章でも名前が出たアメリカの投資家バフェットが使っているといわれる株価の割高・割安を判断する指標である。「株式時価総額÷名目 GDP×100」で計算して、この数値が一〇〇を超えていれば株価は割高であり下落する可能性があるというわけである。要は株式時価総額が名目ＧＤＰを上回ると危険信号が点灯するわけである。もっともここでこの図を紹介したのはこの指標の妥当性を検討するためではない。この図には代表的な金融資産のひとつである株式の時価増額は実体経済の規模を示す名目ＧＤＰ

の動向と無関係に独り歩きしているわけではないことが端的に示されている。
「金融化」現象を理解するうえで重要なのは、金融資産の蓄積は実体経済を離れて自立的に進むことができるという側面と、しかし、それでもなお金融資産の蓄積は実体経済の制約を受けて進むという側面とを統一的に理解することである。金融資産と実体経済の関係でいまひとつ重要なのは、金融収益と実体経済で生み出される収益とは、性格が大きく違うことを認識することである。

3 金融収益は所得の移転にすぎない——インカムゲイン・キャピタルゲイン・手数料収入

金融収益には利子や配当などの投資の果実であるインカムゲインと、証券化商品の売買差益であるキャピタルゲインと手数料収入とがある。このうち手数料収入は、われわれが日常銀行に支払っている振込手数料のようなものから、ファンドマネージャーの巨額な手数料にいたるまで、多様で重要な項目ではあるが、以下ではインカムゲインとキャピタルゲインに焦点をあてたい。

さて、いま私が乗用車を即金で買った場合と、ローンを組んで買った場合をくらべてみよう。即金で買った場合、そこではまず私の所得が自動車メーカーに移転している。しかし、それは単なる所得の移転ではない。所得の移転にともなって生産された乗用車という財貨、富、価値物が移転している。所得の移転は社会的富の増大とともに生じている。では、ローンの場合はどうか。元本のやりとりに関するかぎりでは、即金の場合と同じである。ここでの違いは即金の場合と違って後払いだということである。じつは金融の役割のひとつはこの後払いということにある。現在の所得では乗用車を買えないが、将来の所得（貨幣）を先取りして借入をすることによって現時点での購買が可能となる。そしていまみたように元本のやりとりに着目するかぎりでは、元本の後払いによる所得の移転は社会的富の増大とともに生じている。しかし、利子部分の支払いはそうではない。利払いそのものについてみれば、そのことによって社会的富は一円たりとも増大していない。利払いは私の所得からたとえば信販会社への純然たる所得の移転にすぎない。貸借という金融活動はそれがなければ生じなかった現時点での経済活動の拡大をもたらす。しかし、貸付の果実たる利子の支払い自体は所得の移転にすぎず、新たな社会的富をもたらすわけではない。これは簡単なことではあるが、重要なことである。

次に、インカムゲインのあるところには、インカムゲインを請求することができる権利を証券化して、それを売買することが可能となる。あるいは最初から証券形態で社債を発行してもいい。また、株式投資は貸借ではないが、株式は配当というインカムゲインへの請求権を体化している。ここで証券と呼んでいるのは株券のような紙制の有価証券でもいいし、現在のようにペーパレスでもよい。重要なことは譲渡可能であり、証券の時価の変動によって売買差益（キャピタルゲイン）や売買差損（キャピタルロス）が発生することである。では、証券の時価はどのようにして決まるのか。株価を例に考えてみよう。

株価の水準は第一に、配当の多寡によって決まる。第二は、市場金利の水準によって決まる。かりに、配当金額が一〇〇円である株式は、市場金利が一%であれば、少なくとも一万円の株価がついてもおかしくない（10,000×0.01＝100）。市場金利が二%であれば株式の評価は五〇〇〇円ということになる（5000×0.02＝100）。第三は、投機的思惑によってその株式の買いに流入する貨幣資本の多寡によって決まる。人々が株式を購入する目的は配当（インカムゲイン）の取得だけではない。むしろ将来の株価の値上がりがもたらす差益（キャピタルゲイン）を目的とする場合が多い。株価上昇についての投機的思惑による貨幣資本の流入があれば、株価は第一と第二の要因によって規定される水準をはるかに超えて上昇する。そして現在は、コロナパンデミックの直前まで、傾向的に、これら三つの要因がすべて株価（時価）上昇の方向に作用していた。

第一の配当についてみれば、アメリカでは有名企業が低利で調達した資金で当期利益を上回るような自社株買いや配当を実施することが増えてきた。[*43] 第二の金利水準でみれば、リーマンショック後の金融危機対策としての低金利政策と、その後の景気対策としての低金利政策のもとで、世界的に異常ともいえる低金利期が続いてきた。そして第三の投機的思惑による貨幣資本の金融資本市場への流入は、現在まさに構造的に増大しているのである。それは現在が、長期停滞の時代、現実資本の蓄積の停滞の時代だからである。資本が儲けを事業の拡大のために投下することが停滞しているのであるから、儲けは貨

＊43　『日本経済新聞』二〇二〇年二月一四日付朝刊。

幣形態での蓄積、金融資産の蓄積に回すほかはない。こうして現在は、金融資本市場に不断に貨幣資本が流入する時代なのであり、それによって金融資産の「時価」が膨張する時代なのである。

では、キャピタルゲインの増大は社会的な富の増大を意味するであろうか。否である。インカムゲインと同様に、キャピタルゲインもまた証券の販売者から購買者への単なる所得の移転である。金融収益は、一方での所得の減少と一方での所得の増大によって成り立っているゼロサムの世界である。そしてこのような特徴は次にみる現代の複雑な金融取引と金融商品の出現によってもなんら変わらない。

4 現代の金融取引の特徴——証券化とデリバティブ

現代の金融取引の特徴のひとつは、第一に、利子収入を典型とするあらゆる貨幣請求権[*44]を証券化することによって譲渡可能なものに転換し、それによってキャピタルゲイン獲得の手段にする試みの進展である。第二は、その証券化の技法の「進歩」である。CDO（Collateralized Debt Obligation 債務担保証券）にみられるような諸貨幣請求権のバスケット化と優先劣後構造（シニア、メザニン、エクイティー）の創出による新たな証券の組成、つまりは証券の証券化の技法の開発である。また、CDOを発行する媒体としてのSPV（Special Purpose Vehicle）あるいはSPC（Special Purpose Company）などの新しいタイプの金融組織の利用と、それによる取引のオフバランス化の技法の開発である。そして第三は、ヘッジファンドや年金基金などの機関投資家の役割の増大であり、投資銀行の役割の増大である。こうして、あらゆる貨幣請求権を証券化し、さらに証券を証券化し、監督官庁の後ろ盾と格付け機関の格付けを利用して、銀行、証券、保険、機関投資家が一体となって、グローバルなキャピタルゲイン追求と手数料収入獲得の運動が展開されてきた。

いまあらゆる貨幣請求権と述べたが、この貨幣請求権自体を創り出す技法もまた「進歩」した。デリバティブである。デリバティブ取引は元本や原資産の取引の必要のないリスク転嫁手段という点で、伝統的な金融取引と大きく異なる特徴を持っている。だがこの点に加えて、ここで強調したいのは、デリバティブはさまざまなリスクを貨幣請求権につくりかえる技法だということである。そして、元本のやりとりではなく、あらかじめ決められた「約束」によって貨幣請求権が創り出される。為替、金利、一般商品のいずれであれ、およそ価格変動によるリスクのあるところには、デリバティブの技法による貨

*44　現代では金属貨幣は流通から姿を消しており、本来の貨幣（それ自体価値をもつ、自己価値としての貨幣）は存在しない。したがって、貨幣請求権を通貨請求権というように呼び変えることも考えられる。しかしそうすると、自己価値をもつものに対する請求権という貨幣請求権の重要な内容が曖昧になってしまう。そこで、「通貨を介しての価値物への請求権」とでもいえばよいが、本書では簡潔にそれを貨幣請求権と表現している。

幣請求権の創出が可能となる。

デリバティブ取引の拡大とともに、価格変動とは異なるリスクをデリバティブ取引の対象とする技法が開発されてきた。クレジットデリバティブと呼ばれる信用リスクを対象とする後発のデリバティブであり、その代表がCDS（Credit Default Swap）である。CDSはクレジットイベント（信用事由——格付け低下、債務不履行、破産などあらかじめ契約されている信用リスクにかかわる事由）が発生した場合にそのリスクをカバーすることを約束するものである。CDSも、元本や原資産なしにリスクを転嫁するというデリバティブとしての共通性をもっている。しかし、CDSは他のデリバティブとくらべてきわめてリスクの大きな金融商品であり取引である。というのは、倒産などのリスクの確率を為替や金利などの価格変動の予測の手法と同様に理解することはそもそもできないからである。そのことは、まさにリーマンショックのように、クレジットイベントが続出する危機のときにはっきりと顕在化せざるをえなかったのである。以上のようなCDSを証券化したものがリーマンショックで一躍有名になったシンセティックCDO（SCDO）である。証券化とデリバティブの統合である。

あらゆるリスクを貨幣請求権に転化するデリバティブ、あらゆる貨幣請求権を証券化する証券化の技法の発展、証券化とデリバティブの融合であるSCDOの登場、これらはいずれも『資本論』が成立した一九世紀資本主義はもちろんのこと、一九七〇年代初頭まではみられなかった金融取引であり金融商品である。しかし、忘れてはならないのは、むかしもいまも貨幣請求権のないところにはいかなる金融取引も成立しないということである。そしてすでに述べたように、貨幣請求権の実現は「所得の移転」「所得の再配分」であってゼロサムの世界であり、新たな富（価値）の増大を意味しないということである。

5　金融資産膨張の幻想と現実

「金融化」の基礎――貨幣資本（moneyed capital）はどこからくるか

なんども述べたように、現在では金融商品に流入する貨幣資本（moneyed capital）[*45]が不断に増大している。そのもっとも基底的な要因は、先進資本主義諸国における、再生産過程での現実資本の蓄積の停滞であり、それを反映した貨幣資本の蓄積（金融資産の蓄積）である。つまり、現実資本の蓄積が困難な

＊45　ここで貨幣資本に（　）で英語を挿入したのは、同じ貨幣資本という訳語でも、マルクスの『資本論』草稿では、ドイツ語の Geldkapital のそれと moneyed capital のそれとでは意味が違うからである。資本家が貨幣資本を投下して生産手段を買い、労働者を雇って生産し、生産された商品を販売して再び貨幣資本を手に入れるという再生産過程で機能している貨幣資本、それが Geldkapital である。これに対して、貨幣資本が再生産過程から引き揚げられて、金融資本市場で動き回るようになること、つまり貸付可能な貨幣資本になること、この場合の貨幣資本が moneyed capital である。本書で使用している貨幣資本はほとんどの場合 moneyed capital である。

なかで利潤の一部を貨幣的形態での蓄積に回すほかはないという現実である。そしてこの基底的要因を前提として、銀行信用の膨張が moneyed capital の量を増幅する。加えて、中央銀行の金融緩和政策は銀行信用の膨張を加速させる。そして最後に、moneyed capital の回転数の増大による増幅をシャドーバンキング（影の銀行）が担っている。世上、「金融化」現象を中央銀行の政策やシャドーバンキングなどここに列挙したような諸要因で説明する解説が多い。それらは間違いではないが、「金融化」現象の基底にある現代資本主義の基本的傾向をみていない点で一面的である。moneyed capital を増幅させる諸要因の基底にあるのは moneyed capital そのものの生成であり、それは実体経済に投入されない諸資本の利潤そのものなのである。

「請求権の堆積」としての金融資産

ところで、実体経済の伸びを上回る金融資産の増大という事態は、かならずしも近年の特殊な現象ではない。バブル期や近年は歴史的トレンドを上回る伸びを示している期間であるが、全体として、実体経済の伸びを上回る金融資産の増大は、発達した資本主義国における歴史的趨勢といってもよい。ここで重要なのは、貨幣資本の蓄積（金融資産の蓄積）は現実資本の蓄積（実体経済における蓄積）を超えて進むということ、そうしたことが可能であるのは貨幣資本の蓄積は「請求権の蓄積」であって実物資産のような価値物の蓄積ではないということがあるからである。

たとえば、預金は日本ではいつでも日銀券で払い出しに応じますという銀行の預金者に対する債務であり、預金者からみれば日銀券の請求権を表わしている。通常、預金はいつでも「現金化」できるし、それはまた金融資産であるとともに預金通貨として日常の決済に不可欠なものとなっている。しかし、ひとたび通常の規模を超える預金の引き出し請求が生ずれば、つまり銀行の取り付け騒ぎが起これば、必要最小限の現金準備しか保有していない各銀行は、たちまちにして支払いに窮して窓口を閉鎖せざるをえない。ここでは預金残高は請求権の堆積にすぎないことが、否応なく明らかになる。逆にいえば、請求権はその大部分が請求権のままでいるかぎりにおいて、現金化も可能となるのである。このようなことは、預金にとどまらず、ほとんどの金融資産に共通のことである。さきに八四—八五頁で、金融資産の統計には膨大な重複があることをみたが、それは一定の預金がその何倍もの金融資産を生み出していくということであり、それらは請求権の堆積として進行しているということでもあり、さらにいえば、金融資産が請求権の堆積であるからこそ可能な芸当なのである。しかも金融資産は、実物資産とは異なり、保有しているだけで資産が増加する可能性があるという錬金術を持っている。そのキーワードはさきにみた「時価」である。時価が上昇すれば濡れ手に粟で保有金融資産額も増加する。

第二章でみたコロナパンデミック下でのビリオネアたちの資産増大もハイテク株の時価上昇の産物であったが、じつはこの巨大な富は、所有者自身にとっても社会的にもほとんど使うことができない。その富を使って買い物をしたり投資をしたりしようと思えば、金融資産を「現金化」することが必要となるが、ビリオネアたちがハイテク株をいっせいに売却すれば、たちまち株価は暴落してしまう。だから彼らは一部を現金化することはできるが、大部分は請求権のままで保有しなければならないのである。もっとも、このことは彼らに資産課税を課すことを妨げない。彼らは資産のごく一部を「現金化」して、つまり預金通貨に換金して支払うだけである。

さて、それでは、彼らの膨大な帳簿上の資産、請求権の堆積は、彼らになんの利益ももたらさないのであろうか。もちろんそうではない。彼らの保有資産の膨張は彼らの資金調達能力を高め、そのことによって資産運用能力を拡大し、ますますの金融収益の追求が可能となる。たとえば、ソフトバンク・グループの孫正義氏の経営を想い起こせば、そのことがよくわかる。そして、ビリオネアや彼らが参加するファンドなどの存在の社会的弁明理由は、ただひとつである。ベンチャー企業への投資である。彼らはリスクをとってベンチャー企業を育てているというわけである。もっとも、それもまたベンチャー企業の上場やM&A（合併・買収）による株価の値上がり益を狙ったマネーゲームである。

6　「金融化」と金融危機

「金融化」の矛盾はどこにあるのか

実体経済の儲け（産業資本の儲け）であろうが金融収益という儲けであろうが、儲けは儲けであると理解する主流派経済学では「金融化」現象は資本主義の発展、新たな収益機会の増大と映る。しかし、マルクス経済学では「金融化」現象は資本主義の成熟と行き詰まりの現われと理解される。それは現実資本の蓄積の停滞の反映であり、金融収益は所得の再配分にすぎないからである。*46 もちろん資本主義の歴史において、金融は現実資本の蓄積を促進する重要な役割を担ってきた。しかし今日の金融取引の増大は行き場を失った資本が、monyed capital として動き回るほかはないという事態の反映である。

だが、インカムゲインの世界は実体経済の動向を離れることはできない。経済が停滞しているのに利子や配当などが一方的に増大するなどということはありえない。しかし、キャピタルゲインの世界は、monyed capital が流入し続けるかぎりでは収益機会が増大する。そして魅力的ではないインカムゲインの世界をキャピタルゲインの狙える魅力的な金融商品に変容させる技法こそ、証券化の技法やデリバティブによって生み出される仕組み債などの証券流通の世界なのである。

さきにも言及したFSB（金融安定化理事会）の報告（Global Shadow Banking Report 2017）によれば、リーマンショック以降、仕組み債の組成などにかかわるSFVs（Structured Finance Vehicles）の資産の伸び率は二〇一一年から二〇一五年にかけて年平均でマイナス五・七％と減少し、デリバティブにかかわるC

＊46　マルクス経済学者のなかでも、近年の「金融化」現象は『資本論』では解くことのできない現象だと考えている研究者もいるが、ここではその点を検討することはしない。

ＣＰｓ（Central Counterparties）も同じ期間に年平均マイナス五・九％と縮小してきたが、[*47]他方で同じ期間に投資ファンドやヘッジファンドはそれぞれ一二・九％、二三・五％と増加してきた。つまり、仕組み債などは委縮したが、全体として金融資産の膨張はリーマンショック後も続いてきた。実際、第二章でも紹介したように、現在はアメリカにおけるビジネスローンの増大と、そのなかでのレバレッジドローンの増大、レバレッジドローンにおけるコベナンツ・ライト・ローンの比率の増大、つまり信用力の低いビジネスローンが増大し、その証券化商品たるＣＬＯ（ローン担保証券）の増大に警鐘が鳴らされている。さらに、二〇一九年一〇月のＩＭＦのレポート[*48]によれば、国際金融システムの脆弱性として、企業債務の増大、機関投資家による高リスク低流動性資産の保有拡大、新興・フロンティア市場[*49]の対外借入依存の増大を指摘し、警鐘を鳴らしていた。これがコロナパンデミック以前の状態であった。

このことにもみるように、現実資本の蓄積の停滞が続く現代資本主義で、「金融化」の進展は不可避である。しかしそれは、実体経済と連動するインカムゲインの世界の制約を逃れることはできず、その周期的崩壊もまた不可避である。

コロナパンデミックと金融危機

いま述べた見地からすれば、コロナパンデミックは新たな金融危機を招来するという結論になる。しかし、本書を執筆中の時点では、株価の歴史的急落は生じたが、株価はその後回復し、それ以外の金融資本市場でもまだ大きな危機は生じていない。また、タイのバーツの一時的下落はみられたが、途上国からの大規模な資本逃避や通貨危機もまだ生じていない。だが、コロナパンデミックによる世界大不況が新たな金融危機なしに収束し回復すると考えることはできない。

さきに言及したＩＭＦのレポートの二〇二〇年四月版では、[*50]コロナパンデミックが金融資本市場に与える危機的な影響を報告している。それによれば株価暴落、高利回り債やレバレッジドローンや私募債など高リスク銘柄のスプレッド拡大[*51]と新規発行の停止、安全資産への資金の逃避が始まり、逃避先資産の債券利回りが急落したことなどが指摘され、「金融市場環境はかつて見られないスピードでタイト化した」と指摘している。まさに同レポートが二〇一九年一〇月に指摘していた懸念が現実化しつつある

＊47　ただし、ＣＣＰsは二〇一六年には一七・六％と急拡大している。

＊48　IMF, "Global Financial Stability Report: Lower for Longer," October 2019. なお、日本語版の「国際金融安定化報告書」も容易にネットで読むことができる。

＊49　フロンティア市場とは新興市場ほどに金融資本市場は整備されていないが、新興市場にいずれ追いつくとみられる市場のことである。

＊50　IMF, "Global Financial Stability Report: Markets in the Time of COVID-19," April 2020.

＊51　スプレッドとは、基準となる米国債金利と当該債券の金利との差額であり、債券の信用力が下れば、その債券に上乗せされる金利、スプレッドが拡大する。

ととらえていたのである。

しかし、六月のレポート改定版[*52]では四月以降の二か月で金融市場は大幅に改善したことを報告し、その背景に各国中央銀行の「迅速で例を見ない措置が大きな役割を果たした」と評価している。加えて、この時点で総額一一兆ドルと推計されている各国政府の新型コロナ対策財政政策の発動による個人や企業への緊急支援策が、投資家心理の改善を支えたとしている。しかし同レポートは、その副題にあるとおり「のしかかる倒産の恐れ」を指摘し、警鐘を鳴らしている。

コロナパンデミックの今後の展開を見通すことはきわめて困難であり、不確実性が大きい。それにもかかわらず投資家が強気を維持しているのはなぜだろうか。同レポートはこう問いかけて、それは市場がV字回復を期待していて、「中央銀行による異例の支援策が続くとの見込みで投資家が賭けに出ていることがあると思われる」と答えている。しかし、一方で、「最近の経済指標や高頻度データを見ると、経済の落ち込みは従前の予想を超える厳しいものになりそうである」。そのことを反映して、たとえば、アメリカにおいて消費者信頼感指数が急落している。ところが株式市場は高騰している。「このようなデカップリングは、中央銀行による支援を受けた投資家心理の高揚が失われれば、現下の株式市場の回復が頓挫する可能性を示している」。こうして同レポートは「多くの株式市場と社債市場で価格回復が行きすぎている」との判断に立って、株式市場の問題だけでなく、債務を積み上げてきた企業や家計の破産、銀行部門の健全性が問われる事態、ノンバンク金融機関・市場のさらなるひっ迫、新興・フロンティア市場の破綻といったいくつかの懸念を指摘している。

現実は、おそらくレポートにみる最悪のシナリオが実現して、コロナ大不況からの経済の立ち直りを遅らせることになるであろう。

資本主義の歴史のなかで、金融活動は最重要な経済的インフラのひとつであり、資本主義が続くかぎりその役割は変わらない。そればかりか、金融機関はポスト資本主義社会への過渡期において、資源配分の理性的なコントロールのための重要な役割さえ期待できるであろう。しかし、現在進行している「金融化」はかえって金融活動の社会的な役割を阻害して、一方では資産格差と所得格差を広げ、他方では周期的な金融危機を引き起こしている。それは資本主義の発展どころか延命にも役立たないものである。

＊52　IMF, "Global Financial Stability Report Update: Financial Conditions Have Eased, but Insolvencies Loom Large," June 2020.

第四章　資本主義のフロンティアとしての「デジタル化」とその限界

「金融化」とは異なり、「デジタル化」は現在の資本主義の発展の技術的基礎をなしている。しかし、遠からずその資本主義的利用の限界に突き当たらざるをえない。それはポスト資本主義社会の技術的基礎としてこそ花開くのである。

1　デジタル技術の特性

一九七〇年代終わりのころから産業用ロボットが生産現場で登場し、さらに熱や振動に弱い半導体チップを自動車に搭載できるように改良してさまざまな運転情報をコントロールするなど、工業製品におけるＭＥ（micro electronics）技術の活用が盛んになり、ＭＥ化という用語が使われるようになった（この段階では日本が優位性をもっていた）。一九九〇年代後半に入ると、軍事技術であったインターネットの民間への開放とWindows 95の登場に象徴されるＰＣの普及とがあいまって、ＩＴ（information technology 情報技術）あるいはＩＣＴ（information communication technology 情報通信技術）が普及し、ＩＴ化、ＩＣ

T化の段階が始まった。この流れは二一世紀に入ると、AI（artificial intelligence 人口知能）、IoT（internet of things モノのインターネット）、ビッグデータ（Big Data）といった新たな段階に進化し、5G（情報通信技術の第5世代）においてこれらICT技術はさらに飛躍的に発展しつつある（この段階では、アメリカと後発の中国とが優位に立った）。これらはデジタル技術を基礎とする現象であるという意味で、以下では「デジタル化」と総称することにする。

さて、これまでの科学技術の発展のなかでデジタル技術の特性のひとつは、しばしば指摘されてきたように、その「汎用性」にある。文字や図形などの視覚情報であれ、音声情報であれ、運動などの物理的情報であれ、生命化学の情報であれ、あらゆる自然現象が、そして社会現象が、それらの情報がデジタル化できるかぎりでは、情報処理の対象となり、操作対象となる。だから、デジタル技術は物資的生産、非物質的生産、さらには個人生活にいたる人間の活動のあらゆる領域に浸透してきた。

デジタル技術のいまひとつの特性は、技術進歩の驚異的な速さである。たとえば、一九七〇年代末に個人用のパソコンが出回り始めたころ、個人が手にするPCが扱えるデータ量は最小の8ビットであった。しかし現在、私の目の前にあるすでに古ぼけた数年前の廉価なPCでさえ、そのデータ量は927ギガバイト、つまり9270億ビットである。

さらにデジタル技術が扱う「情報」という「商品」の「使用価値」、つまり「有用性」は、その社会的な限度が非常に弾力的であるという特性をもっている。ひとつには、精神的欲望の限度は物質的欲望の限度よりもはるかにフレキシブルであるからである。ゲーム依存症をみよ。いまひとつには、最新の情報の獲得がビジネスの命運を分けるとすれば、資本は、幾何級数的に膨張する情報をどこまでも追いかけざるをえないであろう。

加えて、デジタル技術の特性のひとつとして、それが軍事技術と密接な関係をもって発展してきたし、今後もそうであろうということがあげられる。もともとコンピューター自体が軍事技術として研究が始まったし、インターネットもそうであった。そしていまや、AIなどは軍事技術に不可欠なものとして開発、利用されている。過去にも、軍事技術の発展と科学技術の発展には密接な関係があったが、デジタル技術はより深くその関係性をもっている。

以上のように、デジタル技術の特性として、「汎用性」、「技術進歩の驚異的な速さ」、「情報という使用価値の限度の弾力性」、「軍事技術との強い関係性」という点を指摘することができる。

2 「デジタル化」による新しい技術・商品・市場の創造と労働のあり方の変化

デジタル技術の前述のような特性にもかかわらず、それが資本主義に与えるインパクトに神秘的なものはない。資本主義の物質的基礎である機械制大工業、あるいは機械制工業は科学技術の意識的適用によって発展し、また機械制工業の発展が科学技術の発展を促してきた。資本は自らが開発した新たな科学技術は特許などによって囲い込み、社会が達成した科学技術の成果を「無償」で手に入れることによって、生産性を高め、新たな使用価値を生み出し、利潤を増大させてきた。デジタル技術も同様である。このような視点から「デジタル化」が資本主義に与える影響を整理すれば次のようになる。*53

①技術革新としての「デジタル化」

技術革新としての「デジタル化」の第一の側面は、既存商品の生産性の向上である。ME化時代の産業用ロボットの導入から現在の最先端のＩｏＴの生産現場への導入にいたるまで、多様な産業で「デジタル化」による生産性向上が進んできた。そして情報量とその通信速度の飛躍的向上それ自体が、あらゆる産業の生産性向上に寄与してきたし、今後もそうであろう。

技術革新としての「デジタル化」のいまひとつの側面は、既存商品の性能向上と差別化である。たとえば、これまでのハイブリッド車による燃費の飛躍的改善も、あるいは現在各社がしのぎを削っている自動運転車の開発も、自動車という既存の商品の性能の向上あるいは差別化の例であるが、このようなことは物的生産のあらゆるところで生じている。

②新しい使用価値、商品の創造

スマートフォンはその代表例である。また生産手段としての、あるいは消費手段としての多様なロボットの開発、あるいはドローンの開発など、きわめて多様な使用価値、新商品が創造されてきた。

③商業と流通の分野での新しいビジネスモデルの創造

①②が主に物質的生産の分野での影響であるのに対して、商業と非物質的生産の分野でも新たなビジネスモデルが生み出されてきた。商業の分野では、アマゾンやアリババにみるように、デジタル技術によって商業（売買の合意の形成）という空費を縮減し、大量の商品の需要と供給のマッチングを可能としている。

④非物質的生産の分野での新しいビジネスモデルの創造

非物質的生産の分野では、以下のようなビジネスモデルが創造され、あるいは技術革新が行われている。

ⓐ広告業の分野では、検索サイト連動型のGoogleやSNS連動型のFacebookのような、プラットフォームを提供することによる情報収集と情報提供の結合によって、広告業の新たなビジネスモデルが登場した。

ⓑ情報を売る分野では、従来の通信社などの情報販売技術が革新され、またゲームソフトのような娯楽情報の販売が飛躍的に増加した。そしてこの分野では、いったんプラットフォーマーの地位を固めれ

＊53　この問題を考えるうえで、友寄英隆『AIと資本主義――マルクス経済学ではこう考える』（本の泉社、二〇一九年五月）が大いに参考になった。

ば、情報の収集と提供が幾何級数的な膨張をとげることになる。

ⓒ医療、介護、教育などの公共サービスの分野では、二つの側面で「デジタル化」が進んできた。ひとつは医療器具、介護支援器具、教育器具などのハード面でのデジタル技術の利用である。いまひとつは、遠隔地医療やeラーニングに代表されるようなデジタル技術を利用したネットワークの構築である。個人サービスの分野でも同様である。

なお、企業サービスの分野におけるデジタル技術の応用は現在のもっとも重要な現象のひとつであるが、企業サービスの拡大は企業内分業の一部の外注化による社会的分業への編成替えの結果であり、物的生産の分野でのデジタル技術の発展の一部をなしている。

⑤金融分野での新しい金融商品と金融取引技術の創造

金融のグローバル化を支えた技術的基礎はデジタル技術であった。新しい金融商品の開発、フィンテックといわれるような新しい金融取引技術の開発がそれである。金融と「デジタル化」の関係はそれだけではない。GAFAと呼ばれるようなデジタル多国籍企業はファンドへの最大の出資者になっており、「金融化」現象における主要プレイヤーのひとつになっている。また、巨大ファンド自身がデジタル多国籍企業への出資者になっている。「金融化」の進展と「デジタル化」の進展は相携えて進んできた。

⑥「デジタル化」による世界市場の拡大と深化

アフリカ奥地までスマートフォンが浸透していったことにみられるように、また国際分業の新たな形態としてのいわゆるバリューチェーンの世界的な展開にみられるように、そしてデジタル多国籍企業の急成長にみられるように、「デジタル化」は、金融部面にとどまらず、生産過程においても流通過程においても急速な世界市場の拡大と深化を促進してきた。これは「資本の文明化作用」の新段階である。

⑦「デジタル化」による労働環境の劇的な変化

さきに①で言及した技術革新としての「デジタル化」は生産過程のあるいは生産のあり方（生産様式）の変革と読み替えることができるが、生産のあり方は労働のあり方に大きな変化をもたらした。テレワークがコロナパンデミック下で急速に拡大しているが、それだけではない。たとえば「ギグエコノミー」と呼ばれるインターネットをつうじて単発の仕事を受注し提供する働き方の増大である。ライドシェア最大手のUber（ウーバー）は世界の七〇〇以上の都市で配車サービスを行い、約三九〇万人のドライバーが契約している（二〇一八年一二月現在）。また宿泊施設や民泊の貸し借りを仲介する世界的なプラットフォームであるAirbnb（エアビーアンドビー）、さまざまな仕事の代行人を派遣するオンデマンドプラットフォームであるTaskRabbit（タスクラビット）なども、ギグワーカーを利用して世界的な企業として成長してきた。[*54]

＊54　この三つの企業についての情報はbusiness leaders square wisdomの二〇一九年一二月一二日付配信記事（https://wisdom.nec.com/ja/article/2019121603/index.html）による。

さらに重要なのは、IoTの普及がもたらす労働環境の決定的な変化である。モノのインターネットが普及するにつれて、生産の現場や流通の現場から多くの労働者が消え、企画・設計を担う高級技術者とIoTの要所に配置され監視、調整を行う中級技術者など一部の労働者が立ち現われる。ことは消費の世界にも及ぶ。いわゆるシェアリング・エコノミーである。モノの所有にかわってモノの共有と利用、モノの貸し借りによる財、サービスの利用の世界であり、これをIoTの技術が支えることになる。

これらの生産、流通、消費の、したがって労働と生活の広大な領域における変化が資本主義にもたらす影響をどう評価するかはきわめて重要なので、第4節であらためて取り上げることにしよう。

3　デジタル多国籍企業と従来型多国籍企業との相違——固定資本と雇用の増大なき拡大

「デジタル化」の象徴であるアメリカ企業のGAFAや中国企業のBATHのようなデジタル多国籍企業は、それぞれに業態を異にしながらも、従来型の多国籍企業と異なる特徴を持っている。その第一は、従来型多国籍企業では世界的な展開を拡大するにつれて固定資本の増加、設備投資の増加（会計用語では有形固定資産の増加）をともなったが、デジタル多国籍企業の多くはそうではない。[*55] 第二は、多国籍企業に限らず、従来型の大企業は雇用においても大きな吸収力をもっていたが、デジタル企業の多くはそうではない。

もっとも、アマゾンやアリババのような流通業を出発点とする事業では大量の物流のための施設と労働者を必要とするのであって、そのかぎりでは企業の拡大、世界的な展開にともなって有形固定資産も雇用も拡大するという特徴をもっている。とはいえ、アマゾン恐怖指数なるものが知られているように、アマゾンが設備投資をし、雇用を拡大するにつれて、他社の投資と雇用が失われてきたのであって、その規模は従来の企業間競争による淘汰の域を越えている。それはひとたびアマゾンがプラットフォーマーの地位を確立すれば、売買に関わる情報は幾何級数的に増大し、ビッグデータを手に入れることができるからである。そして、ひとたびプラットフォーマーになれば、という点では、他の業種のデジタル多国籍企業も同様である。

デジタル多国籍企業はプラットフォーマーの地位を確立する過程で、巨大なコンピューターシステムを中心とする初期投資が必要である。だが、いったんその地位が確立すれば、研究開発投資はビッグデータの活用やＡＩ技術の発展のために必要であるが、物的な投資の必要は限られている。「製造業」であるアップルでさえ、ファブレス型経営によって、自らは工場などを持つことなく事業を展開している。

雇用についてみれば、デジタル型多国籍企業に限らず、一般にデジタル産業は、重化学工業や加工組

＊55　デジタル多国籍企業の財務分析については小栗崇資・夏目啓二編著『多国籍企業・グローバル企業と日本経済』（新日本出版社、二〇一九年一〇月）を参照されたい。

立型産業とくらべて、大量の雇用を必要としない。日本でいえば、第一章でみたように、一九九〇年代以降、建設業の生産のGDP比の低下を補ってきたのはICT産業であったが、雇用者数はわずかしか増加していない。アメリカでも、第二章でみたように、デジタル・エコノミーの雇用者数はGDP比での生産額の比率の半分程度でしかない。

このように、プラットフォーマーの地位の確立によって独占的企業としての地位を固め、少ない設備投資や雇用によって儲けるという構造においては、デジタル多国籍企業は巨大な利潤が獲得できる。巨大な利潤という点では、アマゾンのような薄利多売型であっても同様である。そして、デジタル多国籍企業は巨大な利潤を現実資本の蓄積に回す必要が少ないので、貨幣的蓄積、金融資産への投資が巨大化しファンドへの出資者となり、また自らファンドの所有者ともなっているのである。

デジタル企業は、従来型のリーディング産業とくらべて、設備投資の量や雇用の量において、相対的に拡大のテンポが遅いという特徴をもっている。

4　資本主義のフロンティアとしての「デジタル化」とその資本主義的限界

以上みてきたように、「デジタル化」が資本主義に新たな活力を与え、それがしばらく続くことは疑いようがない。デジタル技術はその汎用性のゆえに、生産、流通、生活のあらゆる領域に浸透し、そこで技術革新、新使用価値の創造、新しいビジネスモデルの構築、世界市場の拡大と深化を引き起こす。それは労働のあり方と生活様式に大きな変化を与える。もっとも、それは従来型の産業とは異なり、設備投資と雇用の牽引力は相対的に弱い。しかし、「デジタル化」はまぎれもなく現代資本主義のフロンティアである。だが、すでに、デジタル技術の資本主義的利用の限界も明らかになりつつある。

社会的な使用価値の限界

第一は、デジタル技術によっても社会的な使用価値の限度の問題を越えることはできないことである。まず、「デジタル化」によって既存商品の改良と差別化が進んでも、たとえば自動運転車や電気自動車の開発が進んでも、日本のような成熟市場では、買い換え需要を掘り起こすことはできても、かつてのような自動車生産・販売台数の量的拡大は望めないであろう。また、スマートフォンのようにデジタル技術が生み出した新たな商品も、これまた社会的な使用価値の限度、市場の規模の問題を避けることはできない。総じて、大量消費・大量生産につながる物的生産の分野では、「デジタル化」によっても社会的な使用価値の限度、市場規模の問題を解消することはできない。「デジタル化」が新たなリーディング産業を創出しても、第一章と第二章でみたように、市場の成熟の問題、社会的使用価値の限度の問題を克服することができていないことは、雇用吸収力が小さいこととならぶ「デジタル化」の限界である。ただ、この限度を緩和する最大の分野こそ、不吉なことに、国家財政に依存する軍事技術の分野である。

労働環境の悪化

第二は、「デジタル化」の資本主義的利用がもたらす労働環境の悪化である。まず、テレワークの世界は、資本主義のもとでは確実に時間賃金から出来高払い賃金への移行を促進する。成果で示せというわけであり、何時間働いても成果が出なかれば賃金が支払われない世界である。では、短時間で成果が出せる人にはよい制度であろうか。そうではない。成果を示す時間が短時間ですめば、それが標準となって成果の単価が切り下げられることになる。成果主義賃金は勝者となった労働者の首も締めていく賃金制度である。

ギグワーカーはどうか。フリーランスといえば聞こえはよいが、実態は成果主義に振り回されるパートの賃労働者であるのに、あたかも事業者どうしの契約であるかのように扱われて、雇用保険や社会保険からも締め出された賃労働者として、しかも低賃金労働者として使い捨てられることになる。この点、オールドエコノミーの世界でのコンビニの店長の苦闘と変わらない。実体は賃労働者なのに形式は事業者なのである。

「デジタル化」がもたらす労働環境の悪化は、先端をいくデジタル多国籍企業でも起きている。アマゾンに代表される「デジタル化」による流通革命は、配送センターで働く労働者と運転・配送で働く労働者にオールドエコノミーも真っ青になる古典的重労働を課している。[*56]

次にIoTなどの導入は労働にどのような影響を与えるだろうか。この問題はAIやIoTやRPA[*57]が生産のあり方やビジネスのあり方をどう変えるのかという問題と結びついている。そこで次にこの第三の問題を考えよう。

生産性上昇を阻む利潤の壁

この問題はつまるところ生産性上昇の資本主義的限界の問題である。これまでのところデジタル企業自体は、すでにみたように、売上げ高と利潤の大きさにくらべて設備投資や雇用の拡大のテンポは相対的にゆるやかであり、とくにデジタル多国籍企業はプラットフォーマーの地位にもとづく独占によって巨額な利潤を実現している。しかし、諸産業のデジタル技術の利用による生産性上昇の過程についてみれば、様相は異なってくる。

＊56　「デジタル化」による流通革命が現場の労働者になにをもたらすかについては、首藤若菜『物流危機は終わらない――暮らしを支える労働のゆくえ』(岩波新書、二〇一八年一二月)を参照されたい。

＊57　Robotic Process Automation（ロボティック・プロセス・オートメーション）の略。定型的な作業を専用ソフトを利用して自動化すること。

「デジタル化」による生産性上昇の問題を考えるために、いまその行き着く先であるＡＩとＩｏＴの結合による無人工場の到来をイメージしてみよう。無人工場は労働生産性上昇の極致である。デジタル技術を利用した諸資本の競争は、一方では、そのような方向へ進むことになる。

他資本に先駆けて生産性上昇に成功した資本は超過利潤を手にすることができ、マーケットシェアを拡大することができるので、諸資本は今後も競ってデジタル技術の導入をはかるであろう（ただし、デジタル技術導入のコストと賃金コストの比較から、その導入が遅れる分野もある）。だが、他資本が新しい生産技術を採用し、追いついてくるにつれて、超過利潤はいずれ消滅する。超過利潤が消滅する期間を決めるのは、主に、市場の限界と技術進歩の速さの二要因である。デジタル技術の進歩の驚異的な速さによって、超過利潤消滅の期間は短くなる。かくして、諸資本は競争で敗退しないために技術革新を繰り返し迫られることになり、資本の技術的構成（機械・設備・原材料などと労働力との比率）は高度化していくことになる。つまりヒトに対するモノの比率が上昇していく。もっともデジタル技術の進歩の速さ、それにともなう機械や設備などの固定資本のコストの低下によって、技術的構成の高度化が価値構成（機械・設備・原材料などのモノの価格と賃金、つまりヒトの価格との比率）の高度化に直結するわけではないが、結局は価値構成も高度化していかざるをえない。利潤率の低下は避けがたい。

第一章末尾で「限界費用ゼロ社会」論に言及したが、限界費用ゼロの世界は技術的には展望しうる。しかし、いかに生産性や効率性を上げる技術でも、それが利潤量の増大につながらないかぎり、資本は決してそのような技術を導入しない。「限界費用ゼロ社会」のかなり手前の段階で、利潤量の停滞と利潤率の低落に直面して資本主義は立ち止まらざるをえない。ここに生産性上昇、生産力発展の資本主義的限界がはっきりと現われてくる。

これは未来についてのたんなる仮説ではない。このような事態は「デジタル化」の初期段階であるME化の時代に、バブル期の日本経済で現実に生じたことである。一九八五年のプラザ合意に象徴されるように、当時の日本経済は日米経済摩擦のもとで対米輸出の縮小を求められており、そのために急激な円高局面を押しつけられ、かつ輸出の自主規制を強要されていた。自動車産業はその前線に立たされていた。しかし、外需依存をやめ、内需拡大をするといっても、自動車の国内市場はすでに成熟していた。そこで各自動車企業がとったのは多品種戦略であった。つまりさまざまな種類の車を市場に投入し、「目先を変える」ことによって売上げを伸ばそうという戦略である。従来の少品種大量生産から多品種少量生産により全体として大量生産を狙ったわけである。そして多品種少量生産を可能としたものこそME技術の活用であった。これはたしかに一時的には自動車市場の掘り起こしをもたらしたが、結局、経常利益の急減というかたちで終わった。バブル経済の崩壊はたんなる金融バブル、資産バブルの崩壊ではなく、モノづくりのバブルの崩壊でもあった。では、ME技術による多品種戦略はなぜ失敗したのか。それは、次のように要約できる。

市場の成熟（限界）＋技術進歩の速さ＋資本主義的競争＝利潤率の低下

図8　産業別にみた自動化の潜在性の比較

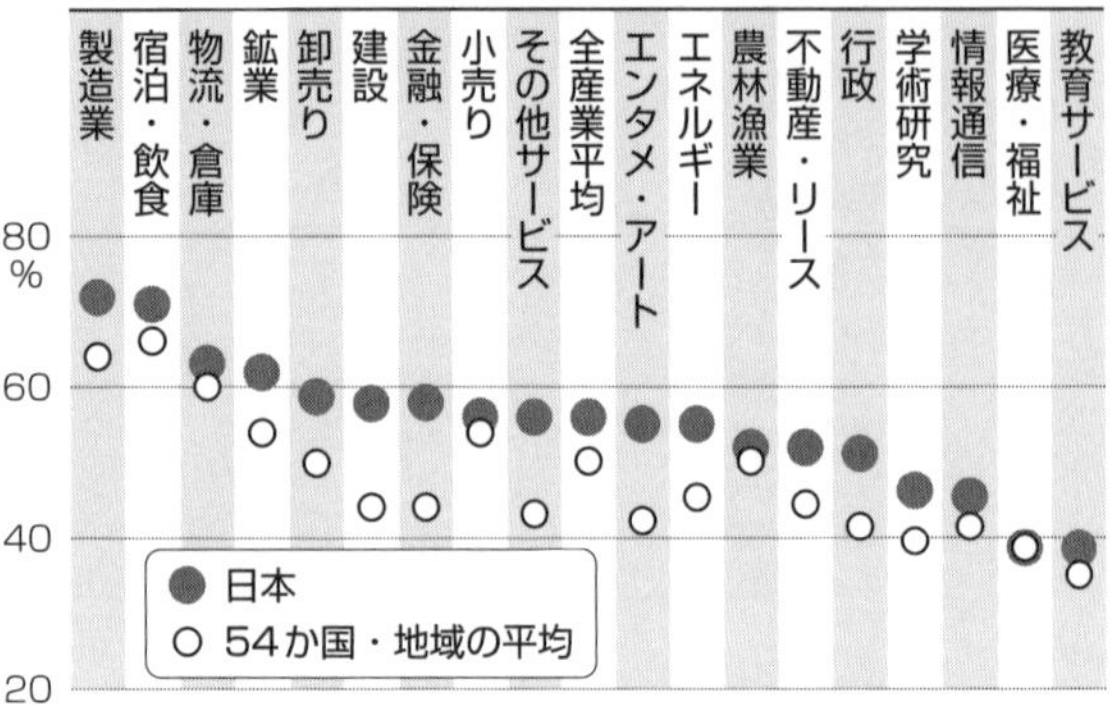

注：マッキンゼー・アンド・カンパニーの資料を基に作成。現在の従業員数を100％とする。
資料：『日本経済新聞』2020年7月19日付朝刊から転載。

ＭＥ化による多品種戦略は目先を変えた商品の投入によって需要を刺激することを狙っていたが、そのための資本間競争はＭＥ技術の進歩の速さに規定されて、短期間のうちに新車を投入することが必要になった。こうして新車投入のための研究開発投資や設備投資のコストを回収する時間もないままに、次々に既存商品が陳腐化していくという悪循環が形成されたのであった。当時、財界も問題とした高コスト構造とは、このような過程で生まれた利潤率の低落の反映だったのである。[*58]

もっとも現在の「デジタル化」では、プラットフォームの利用による投資コストの削減というＭＥ化段階ではなかった手段がある。さらにネットワークをもたなかったＭＥ化の段階とは異なり、その技術進歩のテンポも範囲も比較にならないほど深化している。しかし、無人工場にまで行き着くようなＡＩ技術の開発と導入が本格化すればするほど、資本主義的競争を通して、利潤率の低落、高コスト構造の顕在化に諸資本は直面することになる。

では、このような環境下で労働はどのように変化するのだろうか。**図8**は各産業の現在の従業員数を一〇〇％として、「デジタル化」によって自動化することができるであろう比率を産業ごとに示している。この図の予測では全産業平均で六〇％弱の労働者が削減されることになるが、削減された労働者はどこへ行くであろうか。それはおそらく不安定就業者として就業者と失業者の間を往復する新たな産業予備軍を形成することになるだろう。資本主義の歩みにおいて機械は一方で生産規模と種類の拡大を通じて労働者を吸収し、他方では機械による人の置き換えを通じて労働者を排出するということを繰り返してきた。「デジタル化」の進展も同じであろうが、それは機械導入の過程よりも労働者の排出がより大きい過程をたどるであろう。

資本による社会全体と生活の包摂

第四の問題は、「デジタル化」によって、個別資本（＝私企業）が人々の生活過程の全体を支配し、加えて個別資本と政府との癒着によって、人々の生活が統治や軍事の戦略に包摂される、ということであ

＊58　ME化と高コスト構造の関係については、山口義行・小西一雄『ポスト不況の日本経済』（講談社現代新書、一九九四年七月）の第1章第2節で詳しく論じている。

る。ビッグデータの世界は個々人の匿名性を保証しない。逆である。一人ひとりの日常的行動、好みと欲望、能力と資産、つまりは固有名詞をもった一人ひとりの人間全体を情報として包摂し、利用すること、これがビッグデータの世界である。膨大なデータと一人ひとりのきめ細かいデータの両方が扱えるのはデジタル技術があればこそである。「デジタル化」以前の世論調査や市場調査とはまったく異なる次元の情報の集積、分析、利用の世界である。では、なにに利用されるのか。いうまでもなく、私企業の儲け、利潤の拡大のツールとして利用される。かつて機械制工業の発展によって資本による労働の「実質的包摂」が完成したが、「デジタル化」の段階では、労働者の生活過程のすべても資本によって「包摂」されるようになった。人々はスマートフォンによる生活上の利便性の著しい向上に満足している。しかし、スマートフォンを使えば使うほど、プラットフォーマーもプラットフォームを利用してソフトを売る資本も、深く学ぶことになる。どのような情報を与えればこの人は消費をするのか、行動をするのか、さらには、その気になれば、この人の価値観をどのように誘導するか。

ゲーム依存症やスマフォ中毒は、生活の主要部分が資本の利潤獲得運動に包摂されてしまった事例である。多くの人も、程度の軽い依存や中毒にかかっている。そして、個人情報が私企業に丸裸にされる状態のなかで個人情報保護という白々しいポリシーが各資本によって宣言されている。それらは一言でいえば「いただいた個人情報はわが社の経営のため、わが社の利潤追求のためだけに利用します、決して他企業には漏らしません」という宣言である。個人情報保護法なるものは、国民の知る権利や日常的な市民の交流に必要な情報は制限するが、権力と経営には個人情報への無限のしかも独占的なアクセス権を与えるものである。そして、個人情報の集積・利用が監視社会というかたちで権力によって利用されると、ここに個人の全生活の資本と権力による包摂・支配が実現する。管内閣のデジタル庁構想なるものも、それが進めば、こうした方向を強めることになるだろう。

もっとも、このことは「デジタル化」の資本主義的利用の限界というよりも、「弊害」というべきであろう。というのは、社会的な使用価値の限界や生産性上昇の限界の問題とは異なり、情報の集中・集積とその分析と利用には経済的な限界というものが緩やかだからである。そこに登場する限界は、民主主義や人権や人々の生き方というレベルの限界である。

5　ＡＩは未来社会でこそ輝く

いまみてきた「デジタル化」の資本主義的利用の限界は、結局のところ、利潤原理に支配されることによる限界である。「デジタル化」がもたらす生産性の飛躍的発展は、一方では、利潤の制限の前に足踏みする。他方では、生産性上昇の成果は労働時間の短縮ではなく不安定就業層の増大、低賃金労働者の増大として現われる。そして個々人のほとんどすべての情報が利潤目的のために利用される。

しかし、利潤の獲得・増大を経済活動の最大の動機とし、目的とする資本主義から、いいかえれば利潤原理とそれに支配された競争原理から解放された未来社会においては、「デジタル化」は新社会のための画期的な技術的基礎と物質的基礎を提供する。そのもっとも重要な基礎的な点は次の三つである。

第一に、「デジタル化」による生産性上昇が利潤の制約なしに進む結果、さまざまな財やサービスは現時点での想像を超える低コストで提供されるようになる。

第二に、「デジタル化」による生産性上昇の成果によって、労働時間の劇的な短縮が可能となる。そして生産過程の変革は精神労働と肉体労働の対立を克服することを可能とする。

第三に、社会的な需給関係のマッチングの精度が向上することによって、社会は市場の偶然性から解放されて社会的分業を理性的にコントロールする手段のひとつを獲得することになる。

「デジタル化」は資本主義のもとで急速に発展し、そして未来社会でこそ輝くのである。

第五章　ポスト資本主義社会の足音

前章まで、利潤原理に囚われた現代資本主義の限界を語ってきた。では、その限界を突き抜けて新しい社会を招来する途は整備されているのであろうか。残念ながら整備された途はいまだない。しかし、少し手を加えれば整備された途になるような轍がいたるところにある。

1　営利企業における利潤原理の相対化

株式会社から「社会的企業」へ

資本主義の発展につれて、未来社会につながるさまざまな物質的諸条件が芽生え発展してくる。かつてマルクスは資本主義の歴史性を強調した。つまり資本主義は人類の到達点ではなく、過渡的な社会形態であって、その先には自立した諸個人の連合体であるアソシエーションの社会が来ると考えた。そのマルクスにあっては、信用制度（銀行制度・金融制度）の発展や株式会社の普及、協同組合の展開などが未来社会につながる物質的基礎の一例であり、[*59] また主体的条件としては組織された労働者階級の成長であった。

ここで興味深いのは、銀行制度にせよ株式会社にせよ、それは資本主義の発展と相携えて発展してきたいわば資本主義の顔そのものであることである。マルクスは、なぜ資本主義そのものであるようなこれらの制度を未来社会への過渡的形態として重視したのであろうか。

株式会社でいえばそれは三つの側面をもっている。ひとつは、株式会社では資本家たる株主は実際の経営にとってはいかなる機能も発揮しない余計な存在であるということである。一時話題となった村上ファンド事件でも出てきた「モノ言う株主」なるもののインチキ性にみられるように、資本所有者は、生産力の発展と生産の社会的性格の発展につれて、配当と株価上昇以外には興味をもたない余計な存在となっていく。[*60] 株式会社のいまひとつの側面は、それが私的所有の限界を乗り越える存在だということである。株主は自己資本だけではなく多数の他人資本と結合してはじめて資本家として振る舞うことができる。彼らは私的所有の限界を突破して「社会的資本」とならなければ資本家として存在しえないのである。第三に、生産の社会的性格の発展である。ここでいう株式会社は巨大な結合資本であり、大企業である。自動車産業をイメージすればわかるように、大企業は巨大な工場内分業と下請けなどの工場外分業からなっている。株式会社は、資本主義の内部で育つ社会的生産の発展を体現し、社会的労働の広がりを体現しており、社会的企業として存在している。しかしそれでもなお、株式会社にあっては、社会的生産と社会的労働は依然として私的な利潤追求運動のなかに縛りつけられている。一方での社会的な生産と労働の発展、他方での利潤追求という私的資本による経営の制約というかたちで、株式会社は対立的関係を、つまり矛盾を内包しながら存在しているのである。近年、企業の社会的責任ということが問われるようになってきた背景には、巨大株式会社の発展につれて株式会社がもつ矛盾が多くの人々の眼に明らかになってきているからである。しかし、矛盾は解決を求めて新たな運動を生み出す。利潤追求を最大の使命とする株式会社から真の社会的企業（いわゆるソーシャルビジネスのことではない）[*61]への転換である。

そしてここに、ひとつの分岐点がある。かつて株式会社の社会的企業への転化の核心部分は所有形態の転換、具体的には国有化であるとされた時期がある。国有化は社会的所有の一形態であるとすれば、私的所有を社会的所有に転換することが未来社会への移行のための核心部分であるとされていた。しか

＊59　マルクスは主著『資本論』第三部第五篇第二七章の「資本主義的生産における信用の役割」でこの三つについて総括的に述べている。

＊60　このような株主の態度を「進歩」と考える転倒的な意識が「株主資本主義」である。

＊61　いわゆるソーシャルビジネスは、ビジネスの手法を用いて社会問題の解決をはかろうというものである。ここでいうビジネスの手法が利潤原理を前提とするかぎりでは、それは本書でいう社会的企業とは違う。しかしもし、そのビジネスの手法のなかに利潤原理を相対化する要素が明確に自覚されているのであれば、そこには近親性を見出すこともできる。

し、歴史的経験は、いかに法的な所有関係を変えても、労働のあり方が変わらなければ、つまり労働のあり方が疎外された労働から解放されないかぎり、資本‐賃労働関係を止揚することはできないということであった。もちろん、所有関係の問題それ自体も重要である。だが、かつて有井行夫が所有論的アプローチとして批判したように[*62]、労働のあり方の変革と結びつかない所有論には限界がある。では、労働の変革に結びついた社会的企業への転換とは具体的にどのようなものであろうか。私たちは身近にその手がかりをすでに経験している。

地域企業と中小経営が示す未来

いま全国で地域経済の担い手である地場産業や中小企業が経営を展開しているが、そのなかに注目すべき取り組みがある。一例をあげれば、原発被災地の福島で実践されている、飯田哲也氏（環境エネルギー政策研究所所長）がサポートしている会津電力（喜多方市）の経営である[*63]。二〇一三年八月に設立されたこの会社は「原発事故で被害を受けた福島県内で自然エネルギーを生産し、自立した地域づくりを目指す『ご当地電力』の会社」であり、次のような特徴をもっている。①事業所有権者が当該地域コミュニティーであること、②重要な意思決定に地域コミュニティーが参加すること、③再生エネルギーから生み出される経済的・社会的便益が地域に還元されること。そして地域独占電力会社との違いについて飯田氏は次のように言っている。「大手の地域独占電力会社は電気設備の投資回収を重視する。一方、地域電力は投資回収だけでなく、地域の雇用や土地の有効活用、地域の自立や誇りの創造というプラスアルファの価値も重視する」。

ここには投資回収（利益拡大）を第一義としない企業活動、質のよい雇用と地域再生につながる企業活動が推進されている姿を見ることができる。そこでの所有形態は当該地域のコミュニティーによる所有であって、一種の社会的所有であるが、集権的な国有とはまったく異なるものである。そして経営における意思決定においても地域コミュニティーの関与、つまり社会的意思決定が謳われている。そして決定的なことは、その経営目的が社会的に必要とされる使用価値の創造そのものであり、利潤はそのための手段であることが明確にされていることである。ここで注目すべきは、経営の所有形態、組織形態、経営目標が有機的に結びついていることである。「再生エネルギーから生み出される経済的・社会的便益が地域に還元されること」という経営目標は、地域コミュニティーが所有権者であること、経営の意思決定に地域コミュニティーが参加すること、という所有形態と組織形態とが整合的に結びついているのである。そして投資回収（利潤獲得）を第一義としないことが、これら経営目標、経営組織、所有形

＊62　有井行夫『株式会社の正当性と所有の理論 新版』（桜井書店、二〇一一年）序章参照。
＊63　以下の記述は『日本経済新聞』二〇一六年一月二三日付朝刊の飯田哲也氏のインタビュー記事によっている。

態との関係できわめて自然に語られている。私企業にかぎらず、多くの組織体は継続的に経営しようとすれば、利潤、あるいは利潤に相当するなんらかの形態の収益の確保が必要となる。だが、そのことと利潤の極大化を追求することとは似て非なるものである。会津電力の事例は、これまでの中央政府と大企業中心の大量消費・大量生産をよしとする経済社会とは異なる新たな経済社会を生み出す諸要素が、地域経済の再生のなかに生み出されていることを示している。

このような経営のあり方は、ここで提示した原発被災地の再生エネルギー事業だけの特殊な事例ではない。全国の地域企業、さらに立地にかかわらず存在する中小企業経営、これらのなかに共通する事例が多く存在しているであろう。かつて、中小資本家はプチブルと総称されて、いずれ大資本に飲み込まれるか、あるいは自ら大資本になるか、さもなければ経営破綻のすえに労働者階級に転落するかの存在だといわれていた。このことは現在でも事実の一面をついている。しかし、中小資本の役割は、そのような両極分解に尽きるものではない。中小企業であるからこそ、あるいは地域企業であるからこそ社会的意義を発揮できる業種がわれわれの眼前に多様に展開している。それらのなかには、いま紹介した会津電力と似たような経営組織も少なからず展開しているはずである。

巨大資本における変化

経営のあり方の変化は地域の中小資本だけではなく、巨大資本のもとでも進行している。たとえば、

「ＥＳＣ投資」という流れがある。これは従来「社会的責任投資」といわれてきたものの発展形態であって、環境（Environment）、社会（Social）、企業統治（Governance）の三つについての評価を投資基準としようという「運動」であり、それが国連の「責任投資原則（ＰＲＩ）」の提唱（二〇〇六年）以降、拡がっている。

興味深いのは、ＥＳＧ投資が本書第三章で批判した「金融化」の主要プレイヤーたちの投資行動の基準とされていることである。つまり、機関投資家や各種ファンドによる投資という現代資本主義のもっとも資本主義的な行動の基準に、利潤原理を相対化するような基準が盛り込まれているのである。もちろん、これで彼らが金融収益の極大化を諦めたわけではない。彼らを突き動かしているのは、ＥＳＣの基準を満たさない企業は社会的に受け入れられず、企業として発展しない、つまり利潤拡大が順調に見込めない、だから投資不適格だというきわめてプラグマティックな動機である。しかし、このことは、巨大資本が社会的存在になるにつれて、それにふさわしい行動基準を要求するという社会的意識が世界的に拡がりつつあるということの表われであって、そのことはファンドの思惑とは別に注目すべき事柄である。

また、アメリカでは大企業の行動原則の見直しが進んでいる。『日本経済新聞』によれば、「米主要企業の経営者団体、ビジネス・ラウンドテーブル（Business Roundtable）は〔二〇一九年八月〕一九日、「株主第一主義」を見直し、従業員や地域社会などの利益を尊重した事業経営に取り組むと宣言した。株価上昇や配当増加など投資家の利益を優先してきた米国型の資本主義にとって大きな転換点となる。米国では所得格差の拡大で、大企業にも批判の矛先が向かっており、行動原則の修正を迫られた形だ」[*64]。

さらに、近年「持続可能な社会」とか、持続可能な開発目標（ＳＤＧｓ）という考え方が拡がってきた。本書の「はしがき」で書いたように、ＳＤＧｓの目標それ自体のほとんどは共有できるものがあるが、「働きがいも経済成長も」という八番目の目標からもうかがわれるように、ＳＤＧｓはそれら目標を資本主義的成長と両立するものと考えている。しかし、とはいえ、ＳＤＧｓがめざす目標には、明らかに利潤原理に振り回される資本主義になんらかの手を加えなければならないという意識をみてとることができる。

これらの動きを、巨大資本の新たな投資戦略の展開にすぎないとか、資本の一時的な譲歩だとか、延命のための擬態であるとか、否定的な、あるいは懐疑的な評価もあるであろう。それらはすべて事態の一面をついている。しかし、これらの動きには、資本が巨大になり社会的存在になるにつれて、私的な利潤追求運動がもたらすさまざまな弊害、自然環境の破壊と格差などの社会の破壊が明らかになり、巨大資本が社会のあり方と調和できなくなってきたことが示されている。そして、「利潤原理を貫徹するためには、利潤原理を一定程度相対化しなければならなくなる」という資本主義の現段階の特徴が表われているのである。

2 「公共サービス産業」の拡大と非営利型経営の重要性

「公共サービス産業」の拡大

ここまでは、営利企業において、地域企業は先駆的に、巨大資本はゆるやかに、利潤原理を相対化する、あるいは相対化せざるをえない経営が出てきているという話であった。

次に提起するのは、そもそも非営利的経営（NPOだけではなくて、さまざまな非営利法人）でしか担えない重要な産業分野の拡大である。それは医療、介護、福祉、教育などの「公共サービス」（政府や関連機関の公務サービスではない）の分野である。この分野の需要と就業者数は、対事業所サービス部門とともに、今後着実に増大していく。たとえば、少し古い資料ではあるが、医療と教育分野だけでも二〇二五年には就業者数の割合は二〇・一％に達するという推計もある。[*65] 現在でもこの分野は、さまざまな形態の医療法人、社会福祉法人、学校法人など非営利型経営によって担われている。なぜなら、こ

＊64 『日本経済新聞』二〇一九年八月二〇日付夕刊。〔 〕内の年月は筆者による補足である。

＊65 ＪＩＤＥＡ研究グループ「サービス産業と日本の構造変化――産業構造の長期予測」『季刊 国際貿易と投資』八七号、二〇一二年春、八九頁）。

れらの事業では、本来、一定の教育水準をもつ優秀な労働者の数が多ければ多いほどサービスの水準が高まるからである。つまり、労働生産性の上昇や労働コストの削減によって競争に打ち勝ち利益を増大させるという経営になじまないからである。そこでは、営利企業が「増収・増益」を目標とするのに対して、いわば「定収・定益」型の経営が基本となる。このことを大学経営を例にみてみよう。

「増収・増益」型経営 対 「定収・定益」型経営

大学などの学校法人は、そもそも増益をはかり、利益を関係者で分け合うことを目的としておらず、そうした行為自体が禁止されている。企業の利潤に相当するものは事業収支差額（帰属収支差額）と呼ばれるが、これを毎年増加させることが求められているわけではない。教育施設を改善し、新たな教育プログラムを展開するなど、大学経営の維持・発展のために一定の事業収支差額が必要だが、毎年これを増加させることは目的ではなく、大学はいわば「定益」状態でよいことになる。また、収入の面でも、受験者の増加、寄付金の増加、補助金の増加といった要素はあるが、基本となる学生納付金は収容定員数によって決まっている。通常、収容定員を毎年増加させていくわけではないので、増収ということではなく「定収」ということになる。一言でいえば、学校法人の経営は「定収・定益」型だということになる。そして大学間の競争はあるが、それは株式会社が「増収・増益」のために競争しているのとは異なり、「教育の質の向上」のために競い合っていることになる。もちろん、営利企業も製品の質を向上することを追求するけれども、それが「増収・増益」につながらなければ意味がない。しかし、大学における教育の質の向上はそれ自体が直接の目的となる。受験生のほうも、あの大学は事業収支差額が大きいからとか財務構造がしっかりしているから受験しよう、などという選択はしない。偏差値や就職実績が教育の質をどこまで反映しているかについては大いに議論があるだろうが、大学の評価は教育の質と実績で決まることになる。

こうして人件費のあり方について株式会社と学校法人とでは正反対ともいえる経営姿勢が出てくることになる。よい教育をするためには学生数に対する教職員比率は一般的に高いほうがいいし、教員に十分な研究時間を与えかつ十分な科目数を展開するためには、教員数も多いほどよいということになる。もちろん、大学も経営体として維持していく以上、人件費比率を消費収入（借金以外の収入）の五〇%程度に抑えるというような経営目標を立てなければならないが、その範囲内でできるかぎり質の高い教職員を一定数確保しようとする。一方、営利企業では、競争戦に打ち勝ち、増収・増益をはかるためには労働生産性を不断に上げ続けることが重要であり、いいかえれば同じ収入・収益をできるかぎり低い人件費で実現することが必要となり、経営にとってはつねに合理化というインセンティブが働いている。ましてや、大学の研究・教育で許容されるような「真剣な無駄」をさせる余地はまったくないのであり、万事効率性こそが求められている。こうしてみると、大学教育に営利企業の論理をそのまま持ち込むこと、ましてや株式会社組織を持ち込むことはまったく論外だということになる。

ところが、小泉構造改革の一環として学校法人ではなく株式会社組織の大学の開学が推進され、二〇〇四年以降こうした大学が実際に動き出した。現在のところたいていの場合、結果は惨憺たるものであった。株式会社だから免税措置が適用されず、国庫助成も適用されないという事情もあるが、それだけではない。ここで興味深いのは、資格試験のための予備校としては成功し、利益を上げている株式会社が、株式会社大学では経営が難しくなってきたという事情である。つまり予備校は営利企業として成り立つが、大学は営利企業として成り立たないという事情である。同じ教育産業なのにこの違いはどこから生まれるのであろうか。予備校は一義的解答に効率よく到達することを訓練する機関である。そこでは大量の予備校生に対して、大学の科目数や授業のコマ数とはくらべものにならないくらいの少ない科目数とコマ数が提供される。そして、教材開発に携わる専門職やスター講師には高額の報酬を与え、その他の教職員はできるかぎり少人数を安い賃金単価で雇っている。つまり教育内容だけでなく経営においても効率性の追求が可能な組織である。だから一口に教育といっても、そこに求められる社会的役割によって経営のあり方を一律に語ることはできない。そして、さまざまな「無駄」、「真剣な無駄」が必要な教育と効率的に一義的な解答に達する訓練のための教育とはまったく断絶しているわけでもない。しかし、教育という人間の成長・発達にとってもっとも重要な産業の基幹部分は、間違いなく非営利型経営が担うほかはないのである。

アソシエーションの萌芽——賃労働者とはなにか

ところで大学の教員も賃労働者である。しかし、そのあり方は私企業の賃労働者とは少し異なっている。その差異は、いまみてきた「増収・増益」型経営と「定収・定益」型経営、利潤極大化を目指す経営と利潤が相対化されている経営との違いに規定されている。しかし、それだけではない。組織のあり方が大きく異なるのである。現在の日本では、大学の組織のあり方には猛烈な逆風、つまり学問・研究の自由を掘り崩そうとする強風が吹いているが、ここでは「まともな」私立大学を想定して考えてみよう。

まず、そこでは、教授会の自治が成立している。[*66] 教授会の自治の根幹は、カリキュラム編成権と人事権である。毎年どのような科目をどのような構成で学生に提供するか、また、それを誰が担当するか、この決定権を事実上教授会が握っている。当然、人事には非常勤の教員だけでなく、テニュアの教員(常勤の教員)の人事権が含まれている。教授会を統括するのは学部長であるが、学部長は教授会での選挙によって決まり、任期がある。学部を越える全学的な問題、そこには授業料の決定、予算の決定、学部や学科の新設、入学定員の変更、各学部教員数の変更、全学横断的な研究組織の立ち上げ、全学共通のカリキュラム(むかしの一般教育に相当)の制定、全学的行事の決定等々多様な事項があるが、私

＊66　かつて、教授会の自治にかわって全構成員による自治が提起された時期があったが、ここではその問題には立ち入らない。

自身が勤務していた大学の例でいえば、それは全学部の学部長と事務部長（総務部長、教務部長、学生部長など事務組織の責任者）からなる部長会が決定する。これを統括するのは総長あるいは学長であるが、総長や学長も教職員による選挙で選出され、任期がある。教育と、その前提をなす学問・研究のあり方を決める権限、これを教学権というが、教学権は総長や学長以下大学の全教員（常勤の教員）が握っている。

これに対して経営権は理事長が統括する理事会が握っており、大学の人事や予算をはじめカリキュラム編成を含むさまざまな重要事項の多くは、理事会の承認を経て正式な決定となる。とくに、賃金などの教職員の労働条件、校舎などキャンパスの整備計画とそれらにともなう寄付事業の策定は重要事項である。しかし、経営権といっても、それは営利企業とは異なり、事業収支差額（利潤に相当）の増大を目的として運営されるものではない。一定の事業収支を維持することはきわめて重要ではあるが、それを毎年増大させることが目的ではない。そして「まともな」大学であれば、理事会は教学権を尊重し、大学が自ら決めた諸事項の多くを尊重する。理事長を含め理事はその大学の卒業生で企業で働いている人、あるいは働いてきた人から構成されることが多い。だから、なかには企業の論理をそのまま大学に持ち込もうとする理事もいる。そして現在の文部行政の方向はこうした困った理事をいわば後押しするような方向に向かっている。しかし「まともな」大学であれば、理事会は、教学権の尊重を大前提として、大学のさまざまなステークホルダーの声を大学運営に届け、大学運営を社会的にコントロールする存在である。大学のステークホルダーはなによりも学生であり、学生の保証人であり、そして卒業生である。また、大学とさまざまな研究を共有する企業である。[*67] さらに公教育の担い手として、私大はわずかだとはいえ国庫助成を受けているので、税金を払っている国民もステークホルダーである。そしていうまでもなく教職員自身がステークホルダーである。そして「良き」理事会はなによりも大学の最大のサポーターでもある。

ところで、以上述べたような大学像について、それは綺麗ごとだと批判の声を真っ先にあげるのはなによりもわが同業者たち、つまり全国の大学教員であろう。自分の大学は理事長独裁で教授会の自治などまったく形骸化している。あるいは、親族経営が続いていて、理事長家族は私利を十分にむさぼっている。経営合理化のためにとんでもない労働条件の改悪を押しつけられている、などなど。たしかに、「まともな」大学の完成形はどこにもないし、それに近い大学は存在するが、多数派ではないかもしれない。

しかし、それらの実態にもかかわらず、次の問に対しては、多くの同業者は同じように答えるのではないだろうか。

＊67　いわゆる産学協同、あるいは産官学協同は今日大学が避けて通ることができない事業のひとつであるが、その際の検討すべき課題の検討はここでは行わない。

問1　大学教員はなんのために働いているのか。
答1　研究が好きだから、教育が好きだから。
問2　務めている大学への貢献と考えられるものはなにか。
答2　よい研究をし、よい教育をすること。
では同じ質問を営利企業で働く労働者にしてみよう。
問1　あなたはなんのために働いているのか。
答1　自分と家族の生活を維持し向上させるため。
問2　務めている企業への貢献と考えられるものはなにか。
答2　売上げの増大に寄与し、儲けの拡大に寄与すること。

現実はこのような単純な分化では尽くせないであろうが、この問答のなかには賃労働とはなにか、ということが簡明に示されている。賃労働者の条件は、まずは、雇用主に雇われて給与（賃金）によって生活している人々だということである。その点では、大学教員も同様である。だから大学でも労働組合を組織し、闘わないかぎり労働条件は改善しない。しかし、賃労働者にはいまひとつの条件がある。それは自らの労働の存在意義は、企業の、つまり資本の儲けに貢献することだということを、自然の摂理のように受け入れているということである。この意識こそ、日々再生産されている資本主義存続のもっとも重要なイデオロギーのひとつである。そしてこの点で大学教員ははみ出している。彼らは大学を儲けさせることが大学への貢献だなどとは考えていない。

もっとも大学教員にも才子はいて、自分の研究をビジネスに結びつけて儲けを狙う人もいるが、その場合、彼らは自らがなんらかのかたちで事業主として振る舞っているのである。

こうしていまだ未完の「まともな」大学には、次の条件が出そろうことになる。①経営の目的は社会的に必要とされる教育と研究それ自体であって、事業収支差額（利潤）の維持はそのための手段、条件であり、「定収・定益型」の経営が行われている。②構成員のそれぞれの意思が経営の意思決定に反映される組織形態がとられている。③そこで働く人々は研究と教育という仕事自体に自己実現の場を見出し、自立した諸個人として振る舞うことができる。ここで自立した諸個人というのは、就業規則や教授会決定などさまざまな制約はあるものの、研究テーマと教育内容は基本的に自らの判断と意思で決定できるという、自己決定が可能だからである。[*68]

---

*68　以上の叙述においては、大学職員の問題に触れていない。大学職員は教員とは異なり、ある種の官僚組織のなかにあるが、やはり営利企業の労働者とは異なる性質を持っている。しかしこの問題の考察のためには大学経営論とでもいうべき全般的で精緻な考察が必要であり、ここで立ち入ることはできない。また、ここでは、大学によって位置づけの違いが大きい評議員会についても触れていない。

いま述べたことは、歴史的に国有化がなぜ解決ではなかったのか、ということをも説明することになる。いくら所有関係を変えても、利潤目的がノルマ達成に変わっただけで、組織形態も組織の意思決定も労働者の関与する余地は依然としてなく、労働のあり方は従来の賃労働者とほとんど変わらなかったからである。

さて、このような大学経営のあり方は、未来社会の経営組織のあり方のひとつの理念型である。マルクスはポスト資本主義社会、つまり未来社会のことを社会主義や共産主義と表現することもあったが、さきにふれたように、多くの場合、それをアソシエーションと表現している。[*69] アソシエーションの含意を端的に表現する日本語は難しいが、[*70]「自立した諸個人の連合体」という規定がほぼその含意を表わしている。そしてアソシエーションは個別企業単位でも、業界団体でも、地域や国の公的機関のレベルでも、さまざまな組織がアソシエーション、「自立した諸個人の連合体」として組織されていること、そしてそのアソシエーション群が市場によるコントロールにかわって理性によるコントロールによって経済社会を調整している姿、これがおそらくマルクスが描いていた未来社会像に近い姿である。

大学組織というある種の特異な社会ではあるが、そこにはアソシエーションの近似形を見て取ることができる。[*71] そしてここでのもっとも重要な前提は、利潤原理（profit principle）を逆転した組織、ＲＰＰ（Reversal of profit principle）組織の存在である。

非営利組織はますます重要になる

いま対人サービスとしての教育組織、大学について述べたことの多くは、医療や介護や福祉といった産業にも当てはまる。もちろん、これらの経営組織は大学組織とはまったく違う。しかし、さきに述べ

＊69　この問題の立ち入った考察としては、大谷禎之介『マルクスのアソシエーション論――未来社会は資本主義のなかに見えている』（桜井書店、二〇一一年九月）を参照されたい。

＊70　マルクスがアソシエーションというタームでなにを語ろうとしたかは、そのタームが使われている文脈のなかで解釈するしかない（前掲、大谷著を参照）。ターム自体から自動的に解が得られるわけではない。なお、一九世紀でアソシエーションといえば、その典型は株式会社であったという興味深い指摘もある。この点、小林純氏（立教大学名誉教授、社会思想史）の教示による。

＊71　この種の組織の欠点は二つある。ひとつは経営体の意思決定に時間がかかることである。だが、この欠点の一部は、資本主義的効率性という基準からみての欠点である。いまひとつは、このような組織ではかならず働かない人が出てくることである。ろくな研究もせず、熱心な教育もせず、学内行政で汗を流すわけでもない三無教員がかならず存在する。このような事態は未来社会でも生じるであろう。しかし、このような教員を排除することに注力すると、それはたいていの場合、普通の教員の自由の束縛で終わる。三無教員は少ないにこしたことはないが、その一定の存在はいわば大学の自治を維持するためのコストである。

たように、これらの事業では、本来、一定の教育水準をもつ優秀な労働者の数が多ければ多いほどサービスの水準が高まるからである。医者、看護師、介護士等々の職員数が十分に確保され、それら職員が安心して健康に働ける労働条件が必要であり、また、医療サービスや介護サービスの利用者にとっては相対的に安価なものでなければならない。それは営利企業のもっとも不得手なところであり、国民皆保険のような制度にも支えられた非営利型経営が必要である。医療を株式会社の営利目的に使えばどうなるかはアメリカで実証ずみである。つまり、大学経営と同様に、労働生産性の上昇や労働コストの削減によって競争に打ち勝ち、利益を増大させるという経営にはなじまないのであり、ここでも、「定収・定益」型の経営が基本となる。

もっとも、ここでは二つのことを留保しておかなければならない。まず、「公共サービス」部門にいわば生産手段を提供する産業、たとえば医療機器、医薬品、介護用品、教育機器などを提供する分野は、「デジタル化」ともあいまって、資本が有望な事業分野として位置づけている分野である。だから「公共サービス」部門の拡大は、一方では資本の拡大をともなうのであって、非営利型経営だけが進むわけではない。

いまひとつの留保は、現在の対人サービス産業、とくに介護や福祉などの分野は、私企業の新たな営利活動の場として利用され、対人サービス産業の多くは財政危機論と受益者負担論にさらされ、労働環境のもっとも劣悪な産業となっていることである。本来、営利企業がもっとも不得意なはずの分野に資本が進出するとそこになにが起こるかは、この間、介護の現場を中心に生じてきた悲惨な事件の数々が雄弁にものがたっている。

資本主義的経営は、「使用価値」（社会的な有用性）の提供は「価値増殖」（利潤の獲得・増大）の担い手としてのみ意味があるというものである。これに対して、以上のような非営利型の企業活動、「定収・定益」型の企業活動は、社会的に必要とされる「使用価値」の提供それ自体が企業活動の目的であり、「価値増殖」はそのための手段であるというものであり、「価値増殖」と「使用価値」との関係が逆転している経営である。さきに利潤原理の逆転と呼んだ経営のあり方、RPP型経営である。さきにみた会津電力の経営もこれにきわめて近いといってよい。

今後、対人サービス産業、とりわけ「公共サービス」の分野はますます拡大していく。それは公的規制と免税措置などの支援のもと、非営利型経営によって担われていくほかはない。

3　労働のあり方の変化とディーセント・ワーク

未来社会へのいまひとつの足取りとして、労働のあり方の問題を考えてみよう。

日本における非正規雇用労働者数は一九九四年の九七一万人から二〇一九年の二一六五万人へと増加を続け、非正規雇用労働者の割合は、一九九四年の二〇・三％から二〇一九年の三八・三％にまで達している。ほぼ同じ期間に、一世帯当たりの平均所得（年収）は、一九九四年の六六四・二万円から二〇一七年の五五一・六万円と一七％減少した。[*72] 日本の労働環境は絶対的に悪化し、労働の劣化が進んできた。

このような労働の劣化は、新卒で正規雇用労働者となった若者の三人に一人が三年以内に離職するという事態をもたらし、それは企業にとっても困難な状況を生み出している。

だが、歴史を振り返ってみると、労働条件の改善を求める運動は、一方での資本の社会政策上の譲歩とあいまって、経済社会の発展の重要な要因となってきた。そのなかでも標準労働日、最低賃金制、雇用保険と職業訓練などは、未来社会にもつながる重要な成果であった。八時間労働・八時間睡眠・八時間自由時間という健康的な生活の確保、標準労働日だけ働けば誰でも文化的な生活が送れるだけの賃金の保障、労働力の移動にともなう失業手当と職業訓練などは、いずれも「利潤原理」と「市場原理」を相対化しながら整備されてきた。

最低賃金制度

最低賃金制度についてみれば、都道府県別に金額が定められていて、年々その見直しも行われてきたが、現状はきわめて不十分である。

しかし、本来の趣旨でいえば、どんな職業であれ、どんな職種であれ、また熟練の有無にかかわりなく、誰でも標準労働日を働けば最低限の文化的生活は送ることのできる賃金が支払われるというものである。たとえば、本稿執筆時点でいうと東京都の最低賃金は一〇一三円（全国加重平均額は九〇一円）である。誰でも一時間働けば最低でも一〇一三円の賃金を受け取ることが法的枠組みによって保障されている。ここで重要なのは、この金額は市況に関係なく保障されるということである。いかなる個別資本もその市場競争力に関係なくこの賃金は保障しなければならない。いいかえれば個々の労働者の私的労働は、最低賃金の範囲に限れば、「社会的労働」としてそのまま認められていることになる。だから最低賃金額が現在のようなミゼラブルなものではなく、最低限の文化的生活を本当に可能とするまでに引き上げられれば、それは「利潤原理」への制限であるとともに「市場原理」の制限であり、かつ依然として賃労働であるとはいえ「私的労働」と「社会的労働」との対立が大きく緩和されている社会が現われてくる。[*73]

＊72　一世帯当たりの人数が減少していることを考慮して、世帯人員一人当たりの平均年収でみると、一九九四年の二一六・四万円から二〇一七年の二二一・一万円へとほぼ横這いである。しかし、世帯当たりの有業者数の減少は世帯人員の減少よりも緩やかなので、世帯当たり有業者の平均年収は確実に減少している（厚生労働省「国民生活基礎調査」による）。

＊73　近年掲げられている最低賃金一五〇〇円の意味については、後藤道夫・中澤秀一・木下武男・今野晴貴・福祉国家構想研究会編『最低賃金一五〇〇円がつくる仕事と暮らし「雇用崩壊」を乗り越える』（大月書店、二〇一八年一〇月）を参照されたい。

雇用保険、職業訓練

とはいえ、失業の恐怖は最低賃金制で取り除かれるわけではない。

しかしここでも、現状はきわめて不十分であるとはいえ、雇用保険制度による失業保険と職業訓練によって新たに必要とされる部門への労働力の移動を社会的責任においてスムーズにしようという仕組みがある。

いかなる経済システムであれ、そして「統制経済」であったとしてさえも、それまで社会的に必要とされていた労働が必要とされなくなり、新たな労働分野に労働力が移動していくということは避けられない。ただ、資本主義以前にはそのような労働力の移動は非常に緩慢であったが、資本主義のもとでの飛躍的な生産力の発展とそれにともなう産業構造の変化の速さが失業と労働力の移動を常態化した。しかも、資本蓄積の条件としてのさまざまな形態での相対的過剰人口の存在が資本主義に組み込まれているために、失業や労働力移動の問題はもっとも重要な社会問題となってきた。そして労働の側からの運動と資本の側からの社会政策上の必要とがあいまって、現在のような雇用保険制度や公的資金による職業訓練制度などが不十分ながら構築されてきた。これは労働力市場への制限であるとともに「利潤原理」への制限でもある。これらの制度は、将来的にも労働力の移動を社会の責任によって実現していくものとして引き継がれていくべきであろう。

標準労働日

次に、標準労働日の制定とその短縮の歴史についてもふれておこう。

資本主義では個別資本は超過利潤とマーケットシェアの拡大を求めて不断に生産性を高めようとする。この競争はやむことはなく、これによって資本主義のもとで生産力は飛躍的に拡大してきた。しかし、資本主義では生産性上昇の成果は労働時間の短縮に向けられることはなく、さらなる生産性向上のための競争が繰り返され、生産性上昇の結果、失業者が生み出される。ひとつには生産性が倍になれば、他の条件を一定とすれば雇用される労働者は半分に減らされるからであり、たとえマーケットシェアの拡大を実現して雇用が維持されても、敗退資本からは労働者が排除されるからである。そして資本には、つねに労働日を延長し、さらには労働密度を高めようとする本性がある。標準労働日の制定とその短縮の歴史、またそれを含む工場法（労働基準法）の制定とその世界的普及の歴史は、「利潤原理」に対する制約と労働力市場に対する制約の歴史であり、これもまた労働の側の運動と資本の側の社会政策上の必要との産物であった。この流れがさらに発展すれば、生産力の発展をワークシェアリングへとつなげていく仕組みとなるであろう。

ディーセント・ワーキング・タイム

最低賃金制や雇用保険や標準労働日の話はいずれもある意味では常識的な話ではある。そしてＩＬＯ

（国際労働機関）の歴史にみるように、労働のあり方を改善しようという世界的な流れがある。[*74] 本稿は、これらの問題を新しい経済社会のあり方という観点から位置づけ直したにすぎない。しかし、ここで指摘したかったことは、「利潤原理」に対する制約＝「利潤原理」の相対化と「市場原理」に対する制約＝「市場原理」の相対化とは切り離すことのできない関係にあるということ、そして両原理の相対化の歴史は、資本－賃労働関係の枠内ではあるが、ポスト資本主義社会の労働のあり方につながる萌芽の発展の歴史でもあるということである。

もちろん、最低賃金制度、雇用保険と職業訓練制度、標準労働日の規制などの現状はいずれにおいてもきわめて不十分であるし、近年ではこれらの成果を掘り崩そうという動きが強まっている。また、依然としてサービス残業も横行している。しかし、これらの制度の充実は未来社会への王道である。ＩＬＯが二一世紀の課題として掲げる次のようなディーセント・ワーキング・タイム（人間らしい労働時間）の考え方は、労働の国際標準として今後大きな羅針盤となるであろう。ディーセント・ワーキング・タイムの五つの条件は次のとおりである。①労働者の健康によい労働時間、②家族に友好的（friendly）な労働時間、③男女平等を進める労働時間、④生産的な労働時間、⑤労働者の選択と影響が認められる労働時間。

以上、本章でみてきたことは、資本主義の内部のさまざまな領域で、さまざまなレベルで、利潤原理を相対化し、したがってまた市場原理を相対化するような諸要素が育ってきていること、そのことを通じて労働のあり方の変革を促す諸要素が育ってきていることを示している。利潤原理を相対化し逆転した社会、RPP社会はたんなる希望や理念ではなく、紆余曲折を経ながらも着実に進んでいる諸要素の先にある。現実に重要なことは、これらの萌芽を意識化し、未来社会への足取りのなかに位置づけていく取り組みであろう。

＊74　ILOの歴史と役割については牛久保秀樹・村上剛志『日本の労働を世界に問う――ILO条約を活かす道』（岩波ブックレット No. 898、二〇一四年五月）を参照されたい。

終章　いま私たちはどこにいるのか――「社会革命」の時代

第一章から第四章でみたように、日米の資本主義はその歴史的使命を終えつつある。日本では市場の成熟化というかたちで、そして生産力発展の余力をもっているアメリカでも二大政党では解決できないような格差と貧困の拡がりというかたちで、いずれも資本主義の行き詰まりに直面している。「金融化」現象はそのような行き詰まりの反映である。一方、「デジタル化」はこのような行き詰まりを突破する役割を果たしているが、アメリカですでにみられるように、格差と貧困を克服する役割は果たしておらず、その資本主義的利用の限界を露わにしつつある。「デジタル化」の積極的側面は、それが未来社会の物質的基礎を準備していることにある。そして第五章でみたように、利潤原理を相対化し、市場原理を相対化し、そのことによって労働のあり方を変革するための諸契機が、資本主義の胎内で育っている。

では、このような現在の資本主義の物質的諸条件の変化は、人々の意識にどのような変化を与えているのだろうか。

1　新自由主義にみる意識のギャップ

いうまでもないが、社会の物質的諸条件の変化はストレートにわれわれの意識や価値観に反映するものではない。むしろ、諸条件の変化の方向とはまったく逆方向の意識が発生することもめずらしくはない。たとえば、新自由主義のイデオロギーの流布がそうである。イギリスでマーガレット・サッチャーが英国首相になったのは一九七九年のことであり、ロナルド・レーガンが米国大統領に就任したのは一九八一年のことであった。これはどのような時期であっただろうか。ことは約一〇年間さかのぼる。一九七一年のニクソン・ショック（金ドル交換停止）から七三年一〇月の第一次オイルショックを経て、七四―七五年に生じた不況は戦後最大の不況（当時）であり、多くの国でマイナス成長を記録した。まさに、恐慌と表現しておかしくないものであった。そして以降スタグフレーション（不況下での物価上昇）の時期が続き、一九八〇年から八二年にかけては、今度は長さにおいて戦後最長の不況がやってきた。つまり八〇年前後は、一九五〇年代から六〇年代にかけての世界的高成長期、まさに資本主義が歴史的にもっとも成功していた時期の終わりを告げた時期であった。それはまた一九八六年の債務国転落にみるようにアメリカの国際競争力が劇的な低下に向かう時期であった。この資本主義の成功から失敗への転換点において、むき出しの資本主義のイデオロギーが登場したのであった。新自由主義のイデオロギーは市場原理主義、つまり競争至上主義である。市場原理主義は政策的には規制緩和論であるが、いかなる規制も、それが資本の利潤追求に邪魔なものはやめてしまえということである。不平等な力関係の契約への国家による介入としての労働法制も、環境保全のための諸規制も、さまざまな安全基準も、およそ資本の利潤追求にとって邪魔な規制は撤廃せよ、緩和せよということである。高成長が終焉し、従来のような利潤追求が困難な時期にこの思想が勃興してくることは、その意味で、よくわかる。しかし、むき出しの利潤欲求だけを語っていても、それだけでは人々の共感を得ることはできない。そこで登場するのが、このような諸資本の自由な競争こそが経済成長を再び可能とし、結局は国民生活を改善することになるのだ、という「成長至上主義」とトリクルダウンの思想である。そして競争のなかで敗者が出るが、それは基本的に「自己責任」だというわけである。だから新自由主義が人々の一定の共感を勝ち得たのは、それがただの市場原理主義ではなく「成長至上主義」と結びついたイデオロギーだったからであり、また成長至上主義のゆえに「自己責任論」も許容されたのである。

ひるがえってみると、高成長期の経済政策を支えたのはいわゆるケインズ主義であった。ケインズは新古典派の「価格の自動調整メカニズム論」の批判、「合成の誤謬」の批判、「セー法則」の批判をとおして、安定的な経済成長を実現するためには政府による経済への積極的な介入と規制が必要であるとして、財政金融政策によるいわゆる総需要管理政策を提起した。そして総需要のなかの消費需要を増大させるための所得分配政策や労働条件の改善などの、いわゆる福祉国家論につながる政策を提起した。新古典派の再来、逆襲である新自由主義はケインズ理論の批判に立って、自分たちに都合のよい財政金融政策の一部はつまみ食いをしながら、福祉国家観に激しい攻撃を加えてきたのである。[*75]

資本の側が高成長期から低成長期への転換過程でこのような経済政策を掲げることは、彼らにとっては「合理的」である。しかし、むき出しの競争と社会保障政策の後退によって労働条件・生活条件の悪化を強いられることになる国民がこうしたイデオロギーに組み込まれてしまうのはなぜであろうか。それはいま指摘したように、「成長信仰」があるからである。しかもこの信仰には現実的根拠があった。高成長期の経験である。そこには、資本主義の歴史からみて、おそらく例外的ともいえる成功体験があった。高い経済成長の実現は、企業の儲けも、労働者の賃金も増大させ、国民生活の水準は確実に上昇した。[*76]しかし、いまやその再現は幻想である。幻想ではあるが、その成功体験はしばらく消えることはない。かくして、成長至上主義に幻惑されて、自己責任論の世界がじわじわと拡がっていった。

しかし、新自由主義は現実には経済を活性化することはできず、サッチャーやレーガンの退場とほぼ時期を同じくして、本書でみてきたような資本主義の成熟段階、あるいは国民の分裂状態が始まったのである。

*75　この段落のケインズ主義と新自由主義についての説明は、次の論文、とくにその第4節と第5節に依拠している。北川和彦「「社会・経済の在り方」とSustainability（持続可能性）」（特定非営利活動法人アジア環境・エネルギー研究機構年報 二〇一七年度・二〇一八年度版『新しい社会に向けて』第3号、二〇一九年三月）。

*76　高成長期の後半から末期にかけて、学生運動が激増し、また、ベトナム反戦運動や反公害運動も増大した。なぜ資本主義の例外的な成功の時期にこうした運動が拡がったかは、それ自体説明しなければならないが、ここでは資本主義の成功期には反資本主義の機運が高まり、資本主義の失敗期には資本主義称揚の機運が高まる、というねじれ現象を指摘するにとどめたい。なお、高成長期は戦後日本でマルクス経済学がもっとも勢力を拡大していた時期でもあった。しかし、資本主義の例外的な成功に幻惑されて、一方では、マルクス経済学のいくつかの主要命題、たとえば利潤率の傾向的低下法則や窮乏化論を否定する動きがマルクス経済学の内部で生じ、他方では、経済成長や賃金上昇を示す諸統計を批判的に検討する必要があるとして、国民所得論の見直しや剰余価値率（搾取率）の推計などの研究が進んだ。後者についてみれば、今日からみれば、それらの結論にはいささかの無理もあるが、統計の批判的利用という点でその後の研究の発展につながる重要な先駆的研究がみられる。さらに当時、資本主義の例外的な成功の時期に、少なからぬマルク主義者は資本主義の「全般的危機」論を語っていた。そのトラウマからか、その後、マルクス主義者は資本主義の危機を語ることにきわめて慎重になっている。近年の資本主義危機論もほとんどは非マルクス主義者のそれである。その流れからいえば、筆者はドン・キホーテかもしれない。

2　労働条件の劣化と労働運動の弱体化

新自由主義のイデオロギーの浸透とともに、労働運動の弱体化も進んできた。労働運動の弱体化は、いいかえれば労働者間競争の激化である。そして、資本主義社会では資本家間の競争を反映して労働者間の競争も進む傾向がある。

労働者間競争の一例として、第一章ではマルクスの次の文章を引用した。「熟練度の等しい一〇〇〇人の労働者のうち、労賃を決めるのは、九五〇人の就業者ではなくて、五〇人の失業者である。……労働者は、一人が他のものより安く自分の労働を提供することによって競争しあうだけでなく、一人が二人分働くことによって競争しあう」。前者は「お前らのかわりはいくらでもいるんだぞ」というブラック企業のセリフとそれをより「上品」に実践する巨大企業の恫喝、後者は出来高払い、能率給で締めつけられる労働者、というように現代でもそのまま再現されている。この労働者相互間の競争においても少数の勝ち組と多数の負け組を創り出していく。

労働組合や労働運動は、労働者自身が自らを組織化することによって、このような労働者間競争を阻止し、団結して資本に労働条件の改善を迫っていくものであった。それは資本家間の競争に労働者が巻き込まれるのを阻止する役割を担っていた。だから企業別組合は労働組合のあり方として基本的な弱点を持っている。資本家間競争、つまりは企業間競争への対抗力を著しく欠いているからである。それでも、日本でいえば、高度成長期のように資本蓄積が順調である間は、企業別労働組合も全国組織と連携しつつ資本家の譲歩を、それもかなりの譲歩を引き出すことができた。しかし、低成長から長期停滞へと資本蓄積が停滞するにつれて資本家間競争が激化し、それにともなって資本家の譲歩を引き出すことは容易ではなくなり、逆に資本家による労働者間競争の組織化の動きが強化されてきた。とくに重要なのは非正規雇用労働者の拡大と成果主義賃金・出来高払い賃金の拡大である。もっとも、この傾向は日本だけではなく、世界的な傾向であって、労働運動の弱体化の問題は企業別組合という組織形態の問題だけではないことも明らかであるが、企業別組合というあり方の克服は課題として意識されるべきであろう。しかし、現在なによりも重要なのは、労働組合が、そして労働運動が非正規雇用労働者と連帯することではないだろうか。なぜならば、いかに困難であれ、労働者間競争を阻止し、労働者間の分断を阻止することなしに、労働組合の存在意義はないからである。同様な観点から、成果主義に対して生活給という観点を貫き最低賃金引き上げの運動と連携すること、解雇の制限を強化すること、こうした課題を追求することではないだろうか。

では、いわゆる「御用組合」にそのような役割を果たすことが期待できるであろうか。私は御用組合もその方向に向かわざるをえないであろうと判断している。労働運動の高揚のなかで資本によって育まれ、第一組合つぶしによって第二人事課の役割を担わされた御用組合も、いまやあまりの労働条件の劣化を前に、第二人事課のような行動では自らの存在意義が失われかねない。振り返ってみると、第二組合成長のイデオロギーは「ミニ成長信仰」「ミニ・トリクルダウン信仰」であった。自分の企業が成長すること、儲けを拡大していくことが、その結果として従業員の労働条件の改善や福利厚生の改善につながるのだという観念である。皮肉なことに、企業の成長がそのような期待につながらなくなるにつれて、かえってその観念は強化された。しかし、長期停滞はそのような幻想を打ち砕きつつある。

大企業の労働組合や労働運動の帰趨は、第五章でみたような、株式会社が真の社会的企業に転化していく過程で、大きな役割を果たすことになる。重要なのは、労働組合が企業の内部にあって、企業のガバナンスを問い、企業の社会的責任を問う役割を担うことである。しかし、大企業の労働組合が単独でそのような役割を果たすことはできないし、そのように要求をすることは酷であろう。それは、さまざまな社会運動、たとえば消費者運動、環境保護運動、ジェンダー運動など、総じて儲けに振り回されない社会を形成する運動との連携のなかで、そして政治運動とのよき連携のなかで進められるべきものであろう。

ところで、注視すべきは、人々の意識はこの間一方的に新自由主義のイデオロギーや企業の論理にだけ浸っていたわけではないということである。そこで次に、成熟段階の資本主義が人々の意識に与えた影響を政治意識に焦点を当てて振り返ってみよう。

3　日本における政治意識の進展と逆流

自民党は「改革政党」？

日本における政治意識の問題を考えるうえで興味深い指摘がある。二〇一九年七月の参議院議員選挙の開票日翌日（七月二二日）の『日本経済新聞』朝刊一面の署名記事で、丸山浩史氏（政治部長）はこう書いている。「若い世代で自民党支持が多いのは、自民党を改革政党とみているからでもある。少しでも改革に後ろ向きだとのイメージが広がれば、あっという間に支持はなくなってしまう」。

筆者などは、自民党と聞くと保守政党であり、時には保守反動政党だとイメージする。だから、若者に自民党支持が多いと聞くと、なぜ若者は保守政党を、さらには反動政党を支持するのだろうか、と考えてしまう。ところが、若者の世代は自民党を「改革政党」とみているといわれると、そして少し付言して、若者は自民党を「現実的な改革政党」だとみているといわれると、見えてくる風景はかなり違ったものとなる。自民党は現状肯定の保守政党ではなく、「現実的な改革」を目指す政党だというイメージであり、その対極にあるのは、「無責任で非現実的な改革」を叫ぶ野党ということになる。つまり対立軸は、現状肯定・保守と改革ではなく、「現実的な改革」と「非現実的な改革」ということになる。このような構図がイメージされているとすれば、若者の世代に限らず、今日、自民党を支持する人々の心象風景は、ある程度、想像することができる。

だが、自民党はいつごろから自らを「改革政党」として売り出したのであろうか。戦後史において、おそらくもっともチャレンジングな目標を掲げた政権とそのスローガンは、池田勇人内閣(一九六〇年七月―一九六四年一一月)の「所得倍増計画」であろう。しかし、当時もいまも池田内閣時代の自民党を改革政党とイメージする人はいない。というのは、所得倍増計画は戦後改革から復興への流れの延長上に構想されたものであって、レジーム転換の意図も意味もなかったからである。その後の政治史の展開は省くが、自民党を「改革政党」として化粧直しをしたのはやはり小泉内閣(二〇〇一年四月―二〇〇六年九月)であろう。

一九九一年に始まるバブル経済の崩壊と「平成不況」の到来は、その後の今日におよぶ日本経済の長期停滞の画期となった。そのことは政治の世界では自民党単独政権の崩壊として現われた。一九九三年八月の細川護熙政権の誕生である。しかし、単独政権の崩壊に直面した自民党は社会党を取り込むという離れ業によってこれを乗り越え、そのことによって同時に社会党の消滅を促進し、次には公明党を取り込むことによって乗り越えていった。だが、ことは連立による政権復帰だけには終わらなかった。小泉政権が規制緩和政策を基軸として掲げた「自民党をぶっ壊す」「聖域なき改革」といったスローガンは、明確にレジーム転換を掲げたものであり、それが人々の支持を集めた。ところが次の第一次安倍内閣は「日本会議」の嫡流政権として教育の反動化をはじめ保守への回帰、さらには反動路線を鮮明にした。

この政権が短命に終わったのは安倍首相の健康問題だけではない。「改革」から「保守本流」への回帰、これが政権崩壊の底流にある。さきの署名記事にある「少しでも改革に後ろ向きだとのイメージが広がれば、あっという間に支持はなくなってしまう」という指摘は、第一次安倍内閣の崩壊と続く福田、麻生政権の短命・不振の流れに合致している。

民主党政権の崩壊を受けて生まれた第二次安倍内閣（二〇一二年一二月—二〇二〇年九月）は、かつての失敗に学んでいた。まずは経済政策に集中して、異次元金融緩和政策から「働き方改革」などにいたるまで、矢継ぎ早に数々のスローガンを打ち出し、「改革」をアピールした。しかも、小泉政権にはなかった新たな強調点、「責任ある現実的な」というフレーズが「改革」に付け加えられた。いうまでもなく、民主党政権の失敗を「無責任で非現実的な」改革と決めつけたうえでの強調である。民主党政権の歴史的役割をどうみるか、その功罪をどうみるかは、いまだ十分に議論され、分析されていない。しかし、安倍前首相が民主党政権の崩壊を最大限に利用して、デマゴーグの本領を発揮してきたのは確かである。

ここでは安倍氏のデマに等しい宣伝をひとつだけ指摘しておこう。彼が誇るアベノミクスの成果の第一は、失業率が低下し、有効求人倍率が上昇したことである。しかし、それは彼が口をきわめて罵る民主党政権下の二〇一〇年四月以降一貫して続いてきた傾向なのである。それはリーマンショックからの緩やかな景気回復と生産年齢人口の減少という二つの要因、つまり循環的な景気要因と人口減少社会の到来という構造要因との産物であり、アベノミクスという政策要因によるものではない。

ともあれ、第二次安倍内閣以降、安倍氏は「改革」を謳い、その過程で戦争法強行のような保守・反動路線を顕在化させてきた。だが、安倍内閣がなぜ長期政権を維持できたのか、その答えはたんに「改革政党」のイメージを定着させることに成功したというだけではない。実際、彼らがやってきたことの実質は反動的で反民主主義的な政策のオンパレードであった。とすれば、「改革」が「反動」に転化し、それでもなお人々に支持された道筋があるはずである。

「改革」が「反動」に転化するレトリック――「成長信仰」

二〇一九年の参議院議員選挙で興味深かったことのひとつは、多くの党が、程度の差はあるが、最低賃金の引き上げを公約に掲げたことである。最低賃金とは、いかなる企業の、いかなる職種の、いかなる雇用形態の労働者であれ、さらには好不況にかかわらず、さらには当該企業の経営状態にかかわらず、働いた労働者に支払わなければならない賃金である。これはおよそ新自由主義のイデオロギーからは、本来、容認できないはずのものである。そして最低賃金の引き上げの目標は、標準労働日を働けば誰もが健康で文化的な生活が送れる賃金ということになる。簡単にいえば、まともに働けば安心して暮らせる社会の実現ということである。第二の注目点は、一定の年齢まで働けば、老後は安心して年金で暮らせる社会の実現という目標が、クローズアップされたことである。これは第一の最低賃金の引き上げの延長上にある問題であって、簡単にいえば、まともに働けば老後も安心して暮らせる社会ということである。第三は、肉体的、精神的、社会的など、さまざまなハンディーから標準労働日を働くことができない、あるいは一定年齢まで働くことができない、さらには働くこと自体ができない人々に対して、公的支援によって健康で文化的な生活を保障するという課題である。これら三つの課題は、さまざまな諸問題をも包含できる課題であり、おそらく建前としては、多くの政治勢力が反対するわけにはいかない課題であろう。そして、これらの課題の実現は未来社会の入り口になりうる目標でもある。

しかし、ここに政策のあり方を分かつひとつの分岐点がある。そうした課題実現のための改革はもっともだが、しかし、そのためには財源が必要であり、強い経済、経済成長が不可欠であるというイデオロギーである。簡単にいえば「成長なくして福祉なし、成長なくして安定なし」というイデオロギーである。いったんこのイデオロギーに囚われると、さきの三つの課題は空文句に終わり、政策課題はそれとはまったく正反対の「企業が儲けやすい社会の実現」という課題に転換することになる。というのは、資本主義経済では、経済成長とはミクロ的には企業が増収・増益を果たすこととほぼ同義だからである。トランプの「強いアメリカ」というスローガンも内実は同じである。

4　たしかに財源論は避けて通れない——しかし、印刷機で富を生み出すことはできない

MMT理論あるいはその類似政策の幻想

しかし、ここであらためて確認しておかなければならないのは、改革のためには「財源が必要である」ということ自体は間違っていないことである。間違っているのは財源を捻出するためには「経済成長が不可欠である」という先入見である。だが、その問題に進む前に、このような成長信仰とは正反対ともいえる議論、そもそも財源などかなり自由に捻出できるのだという考え方にふれておこう。

近年、ヨーロッパを中心にMMT理論（Modern Money Theory 現代貨幣理論）と呼ばれる潮流、あるいはMMT理論とは一線を画するもののほとんど同様の主張が左翼的な立場にたつ人々によって主張されてきた。それは日本でも強固な支持者を得ており、[*77] すでに実際の選挙公約の理論的背景としても登場している。これらの考え方は、簡単にいえば、政府が国債を中央銀行に買い取らせて財源を創り出すことができる、あるいは政府が政府紙幣（国家紙幣）を発行して財源を創り出すことができる、ということに尽きている。国債の場合、中央銀行が無利子の永久債を買い取って塩漬けにしてしまえば、それは政府が政府紙幣を発行する場合と同様に、政府は事実上債務を負うことなく財源が調達できる。つまりいずれのケースでも紙幣によって、したがって印刷機を回して紙幣を刷れば、財源は創り出せるし、購買力

を創り出すことができる、ということである。

もっともこのような主張に対してただちに出てくるのは、そんなことをしたらインフレ（通貨価値の下落）になるのではないか、という疑問である。これに対する回答はいたってオーソドックスでシンプルである。事実上の政府紙幣のバラマキ論、つまり事実上の政府紙幣発行による財政支出増大論が想定しているのは、需給ギャップが著しい状況では政府紙幣を投入してもインフレにはならないという考え方である。これはケインズの真正インフレ論に近い発想である。そして需給ギャップが埋まり、完全雇用になって「真正インフレ」が進行しそうになる場合には、政府なり中央銀行は通貨量を調整することによってインフレを抑制する政策に転じればよい、ということになる。これはマネーストックを政策的にコントロールすることができるとする、マネタリストの考え方に近い。

実際、さきに左翼的な人々といったが、以上のような考え方はアベノミクスの強烈な支持者にも見出

＊77　ＭＭＴ理論の紹介と批判については、建部正義「ＭＭＴ（近代的金融理論）をめぐって」（『経済』二〇一九年一〇月）、同「価値論なき貨幣理論――Ｌ・ランダル・レイ『ＭＭＴ　現代貨幣理論入門』を読む」（『経済』二〇二〇年六月）を参照されたい。なお、ＭＭＴ理論とは一線を画すが、同種の見解にたち精力的に政策論を提起しているものとして松尾匡氏の『この経済政策が民主主義を救う』（大月書店、二〇一六年一月）など一連の著作がある。

すことができる。元財務官僚でリフレ派の高橋洋一氏などは、政府と日銀は連結決算でみるべきだ、つまり日銀は政府機関の一部とみるべきだという議論を繰り返してきた。もし日銀は政府機関の一部だということになれば、日銀の保有国債は内部での貸借として相殺され、政府の借金はいっきょに縮小することになる。

しかし、もしこのような「理論」が正しいとすると、結局は、政府か中央銀行が輪転機を回して紙幣を刷れば富が生じるといっていることになる。そうであるならば、およそ経済学も経済政策も不要である。残念ながら、紙幣増発による経済刺激効果は一時的にはみられるものの、結局はインフレによる紙幣減価として終わらざるをえない。そこであらためてインフレーションについて考えてみよう。

インフレ政策の意義と限界

全般的な物価上昇にはいろいろな原因がある。たとえば、諸商品の生産における労働生産性の低下による物価上昇、好況期の一時的な需要拡大による物価上昇、あるいは輸入物価上昇による物価上昇、あるいはここでみようとしている紙幣減価、つまりインフレーションによる物価上昇など。だが、いずれの場合でも、市場における需給関係の変化を媒介として物価上昇は進む。このことを踏まえて、以下では好況期の物価上昇とインフレによる物価上昇（政府紙幣投入による物価上昇）との二つを取り上げて比較してみよう。

出発点での効果は、いずれも社会的な購買力の増大による総需要の拡大である。総需要の拡大は諸商品に対して数量効果と価格効果をもたらす。数量効果とは商品の販売数量の増加であり、価格効果とは商品価格の上昇のことである。出発点での需給ギャップが大きければ、当初は数量効果のほうが価格効果よりも大きい状態が出現するであろう。出発点での需給ギャップが小さければ、当初から数量効果よりは価格効果が大きい状態が出現するであろう。

さて価格効果についてみると、好況期の購買力の増大がもたらす総需要拡大による価格効果は、どの購買者にも等しく作用する。これに対して政府紙幣投入による購買力の増大、総需要拡大による価格効果は、既存の購買力の一部が政府紙幣の投入によって新たな購買力を手にした買い手に移転することを意味している。たとえば、政府紙幣投入の結果、物価が二倍にあがったとすると、既存の購買者が手にしている購買力は半分に減価して、一〇〇の購買力が五〇になっているが、ただ同然で手に入れた政府紙幣による購買者は新たに五〇の購買力を手に入れることになる。このような強制的な購買力の移転（強制的な価値移転）の過程、あるいは強制的な購買力の再配分（強制的な価値の再分配）の過程こそ、紙幣減価の過程、インフレーションの過程に特有の事態である。

次に、好況期というのは需給ギャップの少ない時期であるから、この時期の総需要増大は価格効果が数量効果を上回って速やかに進行し、やがては総需要の急減によって物価も下落し、不況を迎えることになる。これに対して、インフレ政策は需給ギャップの大きい時期に導入されるのが普通であるから、当初は数量効果が価格効果を上回って現われる。もちろんこの過程でもさきにみた価値移転のプロセスはゆっくりとではあれ進んでいる。そしてやがて数量効果が減退し価格効果が優勢になるにつれて購買力の移転(価値の移転)が大きくなり、政府紙幣の投入でいったん拡大した社会の購買力はもとの水準に圧縮される。高くなった物価水準のもとで、社会の名目的な購買力は増大しているが、実質的な購買力はもとのままである。いわゆるスタグフレーション現象はインフレ政策のもたらす本質的な現象であって、「供給ショック」がある場合にだけ発生する特殊な現象なのではない。

商品流通の内部での諸関係から生じる需要増大・物価上昇は、需要の急減・物価下落で終わる。物価上昇は景気過熱期の一時的現象である。これに対して、流通過程の外部からの一方的な紙幣の投入により無から有を生み出すように創り出された購買力による需要増大は、物価が上がり切って、生み出された購買力が最初の水準にまで下がることによって終了する。したがってインフレの進行は、典型的には、景気が回復する過程で徐々に進み、物価が大きく上昇する局面にいたれば、景気停滞がやってくる。インフレーションでは物価水準自体が、つまり時々の物価が上昇・下落する基準そのものが上昇しているのであって、それは一時的な現象ではなく不可逆的な現象である。(インフレーションについては「コラム」も参照されたい。)

さらに、価格効果が前面にでてくるような段階で、物価上昇を抑制する手段はどのようなものであるだろうか。それは金融引き締め政策や増税・財政支出削減などの強烈なデフレ政策であり、紙幣投入時よりも低い購買力の水準にまで後退することすらありうる政策である。

とはいえ、かつてよく使われたインフレ政策というタームを使って述べれば、つまりインフレ覚悟の景気刺激策という意味でのインフレ政策という点でみれば、これは需給ギャップが大きい状態では確かに効果があるのである。だがそれは、一時的効果にとどまる。それは結局は物価上昇と経済の停滞で終わる。だからインフレ政策は日常的な政策として使うことはできない禁じ手である。だがそれは、序章で触れたような「お助け米」としては、現在、使わざるをえない手段なのである。

コロナ大不況下での財政出動の「正当性」と予想される困難

コロナ大不況は経済外的な強制[*78]によって突如需要が消滅し、供給網が切断されるという特殊な性質の不況である。そして新型コロナウイルスに対するワクチンや治療薬が開発されないかぎり、コロナパンデミックは人々の交流をできるかぎり避けることによってしか防衛することができない。つまり経済活動の中断である。そしてこの間、コロナ対策と経済活動の両立というスローガンのもと多くの政府が採用した実質的には経済活動を重視する政策は、感染の再拡大によるよりいっそうの経済活動のダメージをもたらした。

*78　ここでの「経済外的強制」の意味については、一七頁の注7を参照されたい。

もしコロナパンデミックの収束が短期間に可能であったなら、コロナ大不況からの回復は、従来型の不況よりも速かったかもしれない。というのは経済内部では成立していた経済諸関係が経済外的強制によって突如寸断されたのだから、経済外的強制が速やかに消滅すれば、破壊された経済諸関係の復活が可能だからである。だが、現実は短期間の収束など不可能であることを明らかにしている。それどころか、パンデミック初期の段階で、すでに世界経済はかつてないダメージを負っている。二〇二〇年四―六月期のアメリカの実質GDPは前期比年率換算でマイナス三二・九%という歴史的落ち込みとなった。同じ期間のEUのそれもマイナス四〇・三%、日本はマイナス二八・一%であった。

ここでは通常の不況対策は二重の意味で通用しない。第一に、通常の不況対策は経済活動を活性化しようとするが、今回は一方で経済活動を中断させる政策がとられるからである。第二は、経済の破綻が突如生じている。かの大恐慌でさえ、一九二九年一〇月の株式暴落の予兆に始まり一九三〇年から景気の底であった一九三六年まで数年かかっている。またリーマンショックでも二〇一七年八月のファンドの破綻という予兆に始まり、一八年一〇月のリーマンショックを経て、一九年に不況の底を迎えている。今回のコロナ大不況の景気の底はまだ確定できないが、突如始まり突如底(少なくとも第一回目の底)に到達している。つまり、労働者も自営業者も企業家も、なんの準備もなしに、いきなり生活の糧を失う危機に直面している。

この原因のわかりやすい、しかし対処困難な不況を前に、財政出動以外に人々の生活を守り、営業を守る手立てがあるだろうか。金融政策も含めてさまざまな脇役の出番はあるであろう。しかし、生活と営業を支えるためには財政出動が不可欠である。その意味でコロナ大不況下での財政出動の「正当性」は明白である。だが、そのような大義名分は財政出動がもたらす後遺症を帳消しにするわけではない。

第一は、コロナ大不況からの回復過程で、インフレーションの進行というツケは避けがたい。[*79] もっともいわゆるハイパー・インフレーションになるわけではない。ハイパー・インフレーションは供給の弾力性が極端に低い場合の紙幣投入の結果であって、コロナ大不況が供給サイドに壊滅的な打撃を与えた場合にのみ生じうるのであり、おそらくそのようにはならないであろう。

＊79　リーマンショック以降コロナショックまで続いていた日銀の超金融緩和政策による国債の大量買い取りによる事実上のマネタイゼーションは、インフレをもたらさなかった。それは、国債買い取りの結果は市中銀行の日銀預け金の増加になっただけで、マネーストック（通貨供給量）はゆるやかなペースでしか増加しなかったからである。しかし、同じく国債の中央銀行による買い取りをあてにした財政支出であるとはいえ、今回の全国民への特別定額給付金の支給や持続化給付金の支給は、ストレートにマネーストックの増加につながっている。実際、Ｍ２（通貨供給量）の前月比伸び率（季節調整値）は二〇二〇年一月の二・七％まではそれまでのトレンドにそった伸び率であったが、二月以降、四・八％、五・九％、九・四％と推移し、五月、六月は二二・四％、二八・三％と急増している。したがってこれが購買力として実際に出動すれば、インフレへの過程が始まることになる。

第二は、財政危機の深化である。財政赤字の解消には三つの方法がある。ひとつはインフレによる債務者利得の発生である。借金の名目額を実質的に減らす方法である。だが、インフレが進展しても、国家債務を帳消しにするような規模にはならないであろう。次には、経済成長による税収増で解決する方法である。この典型は一九九〇年代のアメリカでの経験がある。だが、安倍官邸は二％成長とか三％成長というような空想的としかいえない見込みを前提にプライマリーバランスの回復なるシナリオを語っていたが、長期停滞がいっそうひどくなると見込まれる今後に、このシナリオもまた確実ではない。三番目の途は、債務不履行（デフォルト）、借金を踏み倒すというやり方である。この方法の変種が、中央銀行に無利子の永久債を引き受けさせて財源を捻出しようという、さきに言及した方法である。この場合は、中央銀行のバランスシートの悪化を通じて中央銀行信用の揺らぎという新たな問題がでてくる。かつて中央銀行券が、いつでも、誰とでも、確定金量と自由に交換できる兌換銀行券であった時代には、中央銀行信用の揺らぎは通貨危機（邦貨相場の急落）と金兌換請求の増大・金準備の減少というかたちで現われた。金兌換の停止が常態化している現在（不換制）は、兌換請求は起こりようがないが、通貨危機は依然としてまぬがれないであろう。いずれにせよ、コロナ大不況以降の長きにわたって、借り換え債や新発債による国債に依存した財政支出は続けざるをえないが、そのつけをすべて中央銀行に負わせることはできない。

第三に、第三章でみたような金融危機の発現の可能性である。コロナ大不況下での大規模な財政出動とともに、中央銀行のほとんどなんでもありの金融緩和政策は、現時点ではともに金融危機の勃発を抑える役割を果たしている。しかし、そのなかで行われている投機家の賭けが失敗に終わる可能性はきわめて高い。

改革を遅らせるコロナパンデミックと改革を促進するコロナパンデミック

コロナ大不況からの立ち直りがどのようなテンポで進むのかは、現時点では見通せない。しかし、それが比較的スムーズにいった場合でも、多かれ少なかれ、いまみたようなさまざまな重荷を背負わなければならない。長期的にみてとりわけ重要なのは、財政危機の深化によって改革のための「財源」の制約が強まることである。この点で、コロナパンデミックは改革を遅らせる役割を果たしている。しかし、一方で、コロナパンデミックは改革を促進する諸要素も生み出している。

そのひとつは、序章で述べたように、現在の資本主義が一方で人類が許容できないほどに自然環境の破壊を進めてきたこと、また格差拡大を中心とする社会環境の破壊を進めてきたことをあらためて明らかにしたことである。

だが、より鮮明に現われているのは、国民の間での政府の役割についての認識の深化と、新自由主義的な「自己責任論」のイデオロギーの後退である。この二つは結びついている。政府は国民の生命と生活を守る責任があり、「自己責任論」でごまかすことは許されないという意識の覚醒である。日本でいえば、国民への一律の給付金は考えない、休業補償は考えない、GO-TOキャンペーンにおける東京除外によって生じたキャンセル料は保障しないなど、これらの政策は世論の批判を浴びてことごとく覆った。これは「自己責任論」の破綻と政府の役割についての認識の進展の端的な現われである。

もちろん、こうした意識の変革は一方方向に進むわけではない。逆流もある。この機会に非常事態法など権力による国民生活の統制を強める方向に世論を誘導しようという動きもある。世界でも、大統領権限の強化などにコロナショックを利用する動きが続いている。

だが、全体として、コロナパンデミックは、それが財源問題に与えた負の影響をしのぐ意識の変革を促進している。

5 まずは分配政策から——日本資本主義は改革に必要な「潜在的財政力」をもっている

さて、改革には財源が必要であり、財源を生み出すためにはさらなる「経済成長」が必要である、という先入観の問題に立ち返ろう。コロナパンデミックは財源に対する制約を強めたが、日本資本主義の生み出した生産力は、基本的に、すでに改革に必要な「潜在的な財政力」をも生み出している。

図9は日本の三大税源、つまり所得税、法人税、消費税が金額ベースで一九八七年度以降どのように変化してきたかを図示したものである。[*80] 法人税はバブル経済絶頂期の一九八九年度の一九兆円をピーク

図9　一般会計税収の推移

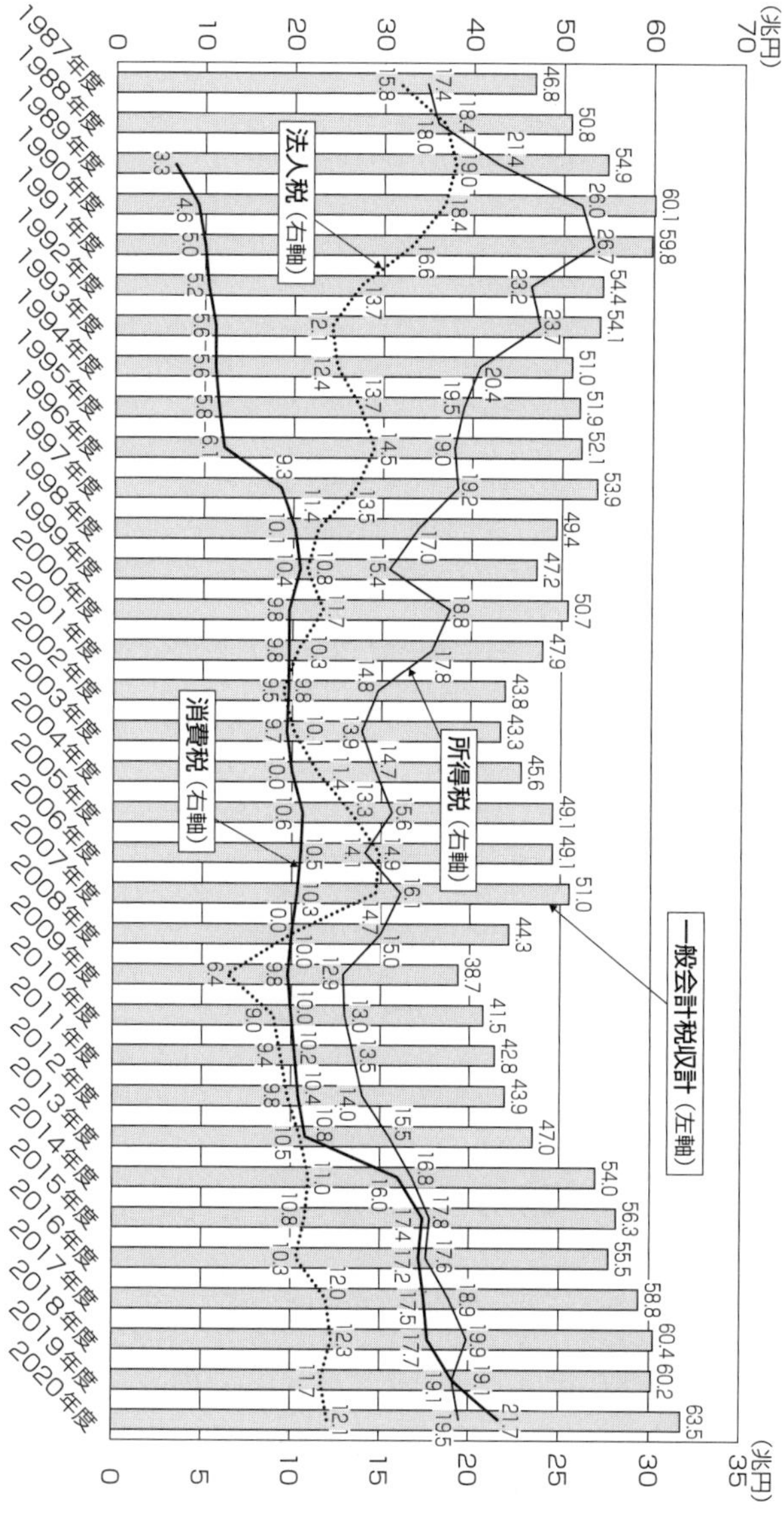

注：2018年度以前は決算額，2019年度は補正後予算額，2020年度は予算額である。
資料：財務省HPより転載。

図10　企業の経常利益と法人税収の推移

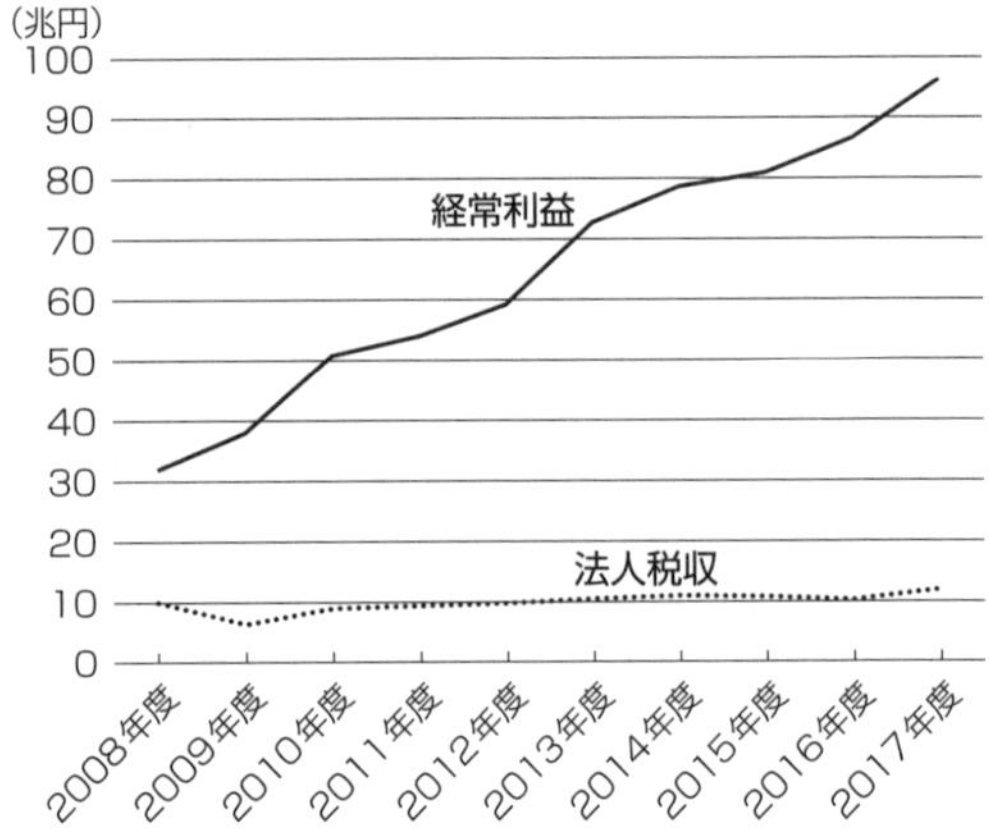

資料：経常利益額は財務省『法人企業統計』から，法人税収は財務省決算額調から作成。

として、二〇一九年度の一一兆七千億円にいたるまでに減少している。所得税も、一九九一年度の二六兆七千億円をピークに二〇一九年度には一九兆一千億円と減少している。そして消費税だけが出発点の一九八九年度の三兆三千億円から二〇一九年度の一九兆一千億円へと大きく増大してきた。一九八九年度から二〇一九年度までの三〇年間で、法人税収の七兆三千億円の減少を消費税の一五兆八千億円の増収がカバーしている。ちなみに所得税についても、同じ一八八九年度から二〇一九年度の三〇年間でみてみれば、それは二一兆四千億円から一九兆一千億円と二兆三千億円の減少であり、いわば漸減である。結局この三〇年間で法人税収が大きく落ち込み、消費税がそれをカバーしてきたことになる。*81

ここでの問題は、法人税収の大幅な減少は、大企業の儲けが減ってきたからではなく、大企業の儲けが増大しても法人税は増えていないという点にある。

図10にみるように、近年、大企業は史上最高益をたたき出しながら法人税収はほとんど増加していな

い。リーマンショックの二〇〇八年度から二〇一七年度にかけて、企業の経常利益は三一兆九千億円から九六兆三千億円へと約三倍になったが、法人税収は一〇兆円から一二兆円と二兆円増加したにすぎなかった。もし法人税収が経常利益と同率で増加していれば三〇兆円になり、二〇一七年度の単年度だけでも法人税収は一八兆円増加している計算になる（なお、「所得税の法人負担部分」を考慮しても、一五兆円弱は増加するであろう）。これは、コロナ大不況下で実施された国民一人一〇万円の給付に要した一二兆円の予算を軽くカバーすることができる金額である。

次々に打ち出されてきた大企業向けの減免税の諸施策と金融収益優遇の税制、そして国際的なタックスヘイブンの利用などがこうしたいびつな構造を生み出してきた。その典型的な事例をみてみよう。ソフトバンクグループ（SBG）は「一八年三月期、会計上は一兆円を越す連結純利益を上げたのに対し、日本での税務申告は赤字で法人税を納めていなかった」[*82]。会計上は一兆円の利益を上げている企業の税務上の課税所得はゼロ（赤字）、というわけである。もっとも、SBGはいまや投資ファンドであり、

＊80　この資料はコロナパンデミック前に作成されているので、二〇二〇年度の予測は当然に大きく外れることになる。この部分は無視していただきたい。
＊81　なお、所得税には法人企業の金融収益の一部が法人負担分として含まれている。
＊82　『日本経済新聞』二〇一九年六月二〇日付朝刊。

大企業でも製造業などはこれほどの芸当は難しいかもしれない。とはいえ、多かれ少なかれ、国際的な会計処理と優遇税制を利用して大企業が「節税」を享受してきたことはさきの図が端的に表わしている。法人税の問題だけではない。所得税は累進課税制度における累進性の緩和や分離課税制度などによって金持ち優遇税制が構築されてきた。

だが、大企業優遇税制などの是正を求める声に対して、かならずでてくる反論は日本の法人実効税率はまだ国際的に高い水準にあり、企業活動が阻害されており経済成長の足かせになっている、という類の議論である。実際、アベノミクス下では「成長志向の法人税改革」と称して、二〇一四年度までの法人税率三七・〇〇%を一五年度に三二・一一%に引き下げ、一六・一七年度には二九・九七%、そして二〇一八年度以降は二九・七四%と短期間に大幅に引き下げてきた。図でみた企業史上最大の利益を出しても法人税が伸びない大きな理由がこのような「成長志向の税制改革」なのである。この結果、G7諸国のなかで日本の法人実効税率は、二〇二〇年一月時点で、二九・七四%と一位ドイツの二九・九〇%を下回った。ちなみに、法人実効税率が一番低いのはイギリスの一九・〇〇%で、下から二番目はイタリアの二四・〇〇%である。[*83]

法人実効税率がドイツが一番高く、イタリアが低いということの国際比較は、はからずも、法人課税を強化すれば企業が外国に逃げ、国の経済力が弱くなるなどというのはブラフ(こけおどし)でしかないことを示している。資本はいかなる条件のもとでも増収・増益を求めて活動する、それが資本主義経済の根本である。そして、国内的にも「成長志向の法人税改革」は成長を促進せず、だらだら景気の終末を迎えたのであった。大企業が儲けやすい環境をつくってやれば人々が豊かになる、などというのはまったくの嘘であった。

改革の財源をめぐる当面の焦点は、財政支出のあり方の問題もあるが、なによりも法人税の適正な徴収、所得税の累進制の強化、金融収益優遇税制の是正といった、大企業と富裕層への課税強化を進めるかどうかである。日本資本主義はすでに、改革に必要な潜在的な財政力をもっているのである。

今日、「成長なくして福祉なし、成長なくして安定なし」という「成長信仰」は三重の意味で幻想である。第一は、経済成長を実現しても国民生活は豊かにならないということはすでに実証ずみだからである。第二は、日本資本主義の現段階は成熟の果てに、経済成長自体が困難な段階に入っているということ、そしてこのような段階で経済成長を実現しようとすると、そのことがかえって国民生活を破壊するということである。第三は、「いかに成長をするか」と問題を立てることは、現在の経済力でやれること、やるべきことをやっていないという本当の問題を覆い隠すことになるからである。税制をめぐる分配の問題はその端的な事例である。

＊83　以上の数値は、財務省ＨＰの「法人課税に関する基本的な資料」による。

6　なぜ「社会革命」という考え方が重要なのか

「社会革命」が政治を包み込むこと

いま「社会革命」を人々の意識の変革と表現するならば、意識の変革は資本主義の発展とともに着実に進展してきた。現在でいえば、さきに取り上げた最低賃金制、年金制度、社会保障政策などの三つの課題は、それ自体として多くの人々は否定しない。したがって、多くの政党が無視できない課題となっている。そうなると、政権が交代しても、これらの課題自体を否定することは難しくなってくる。政権によって改革が停滞したり逆流したり、あるいは前進したりという違いはあっても、課題そのものは人々の意識として定着している。ここに「社会革命」の重要性がある。時々の政治情勢や景気動向に振り回されない社会的に共通の意識の変化とその定着である。そして、このような意識は、市民運動、労働運動、政治運動などさまざまな社会運動によって深化していく。そして、それらの社会的意識の変化が時々の選挙と政党のあり方に影響を与え、政治権力の変化が逆に社会的意識の変化を引き起こすという重層的な関係の進展が社会の変化を推し進めていく。社会的意識の変革の過程である「社会革命」が政治を包み込み、かつ政治が「社会革命」に反映していくという過程である。

もちろん、「社会革命」は前進するだけではない。後退もある。私たちはワイマール憲法下でのファシズムの誕生を知っている。また、直近の日本では、対韓国外交をめぐるマスコミのナショナリスティックな報道と世論の動向を知っている。いったん進んだかにみえる意識の変革が突如逆流することもある。意識の逆流をもたらすおそらくもっとも大きな契機はナショナリズムである。環境問題に典型的に現われているように、今日では一国だけでは決して解決できない人類史的な課題がある。また、経済問題だけに限っても、グローバリゼーションという「資本の文明化作用」が進んだ今日、他国を犠牲にして一国だけが繁栄するなどという経済政策はありえない。それにもかかわらず、国家と民族についての偏狭な意識は人々の意識のなかにつねに潜んでいる。

コロナパンデミックは、一方では、われわれに国際協調の必要をあらためて認識させているが、他方では、それがもたらす経済的苦境のゆえに、国家と民族の問題における偏狭なナショナリズムの台頭がある。その偏狭さはアメリカのトランプやブラジルのボルソナロのなかだけにあるのではない。近い将来、ワクチン開発が進むにつれて、われわれの多くは、自国政府がワクチン獲得競争で勝利することを願うことになるであろう。誰がその心情を非難することができようか。しかし、一方で、われわれの多くは、コロナパンデミックがもたらす身体的・経済的危機にもっともひどくさらされている各国の貧困層に対する同情心と、いくばくかの募金で良心の疼きを癒そうとする心も持ち合わせている。コロナパンデミックに限らず、いつも危機において生じる激しく揺れ動く心の葛藤を通して、そこには、そのような試練を与える危機そのものを再現しないような社会、そのような社会の実現を願う気持ちと運動が湧き上がってくる。「社会革命」の途は、長く試行錯誤に満ちた、しかし確実な途である。

分配問題を越えてＲＰＰ社会へ

「社会革命」の停滞、あるいは逆流をもたらす意識は、国家、民族の問題だけではない。しばしば指摘した「成長信仰」もそのひとつである。この信仰は右から左まで、かなり広範囲な人々の意識をとらえている。この「信仰」に対して、前節では「日本資本主義はすでに、改革に必要な潜在的財政力をもっている」として、分配の問題を考えた。だが、問題はそれだけでは終わらない。

経済成長というマクロレベルでのパフォーマンスは諸資本のミクロレベルでの利潤追求活動の結果である。そして、ブラックな労働環境を排除し、適正な税金を納め、環境基準などの社会的基準を順守するかぎり、企業活動は自由に活発に展開されることが必要である。もし企業活動がそのような条件を満たしながら経済成長を達成できるのならば、それを批判することはない。しかし、いまあげた諸条件、ある意味では常識的な諸条件は、いずれも資本が自立的に達成することは絶対にできない課題である。なぜなら、資本は利潤原理に支配されているし、されざるをえないからである。利潤に振り回されない社会（ＲＰＰ社会）を目指さないかぎり、耐え難い自然環境の破壊と社会環境の破壊を克服する途は切り開かれない。そしてＲＰＰ社会はたんなる理想としての存在ではなく、第五章でみたように、その諸要素は現代の資本主義の胎内で育っているのである。

だが、いうまでもなく、これらの現代資本主義の内部に胚胎している未来社会の諸要素は自動的に発展しRPP社会へ近づくわけではない。このことを第五章で「巨大資本における変化」の事例のひとつとして言及したアメリカの経営者団体、Business Roundtable の「企業の目的の再定義」を例としてみておこう。

Business Roundtable は一九七八年に創設されたアメリカの主要企業のCEO(最高経営責任者)が参加する団体であり、参加CEOたちの企業全体で全米の一五〇〇万人を超える従業員をかかえ、七兆ドルを超える年間売上げ高をもっている。[*84] この団体が一九九七年以降発表してきた企業統治の原則は株主優先(principles of shareholder primacy)を支持し、企業は主に株主のために存在するとしてきた。しかし、二〇一九年八月一九日に発表された一八一人のCEOが署名した新たな「企業の目的の再定義」では、この原則をあらため、新しい企業統治の原則を謳っている。そこでは、企業のステークホルダーを、顧客、雇用者、サプライヤー、企業が立地するコミュニティーの順番にあげ、最期に株主をあげている。[*85]

これはたしかに画期的な変更である。しかし、一八一人の署名者のなかに第二章で名前を挙げたアメ

＊84　Business Roundtable のHPから。
＊85　Business Roundtable の声明文、Business Roundtable Redefines the Purpose of a Corporation to Promote, “An Economy That Serves All Americans” による。

リカのビリオネアトップ5の一人であるアマゾンのマーク・ザッカーバーグCEOが入っていることに象徴されるように、この声明に賛同している経営者は、資本家としては当然といえば当然であるが、この新しい企業統治の原則が「企業価値」を長期的に高めるという視点から賛同しているのである。この声明文の説明に登場する大手保険会社 Progressive Corporation のトリチア・グリフィスCEOの次の発言はそのことを明瞭に語っている。

「CEOたちは利益を生み出し、株主に価値を還元するために働いていますが、優秀な企業はさらに多くのことを行っています。彼らは顧客を第一に考え、従業員とコミュニティーに投資をしています。結局は、これが長期的な価値を構築するための最も有望な方法なのです」。つまり、彼らは利潤原理を捨てたわけではもちろんなく、利潤を増やし株価を上げて企業価値を高め、それを株主に還元するためにも、より多くのことが必要だとしているわけである。

しかし、それにもかかわらず、彼らが株主優先の原則を新しい原則に取り換えると明言していることの意味は小さくない。この原則が本当に貫かれるならば、それは「利潤原理の相対化」に一歩近づくことになる。この声明には、企業が巨大化し社会的存在となればなるほど、企業の社会的責任と従業員に対する責任は大きくなり、その責任を無視しては企業の営利活動そのものに支障がでるという認識が社会的に拡がっていることが示されている。[*86]

とはいえ、いうまでもなく、巨大資本のCEOたちが素直にこの原則、つまりまず顧客を第一とし、従業員とコミュニティーに投資するという原則を実践する保障はどこにもない。実際、この声明以降にアマゾンで労働者の待遇が大きく改善したという話は聞こえてこない。だから、この新しい原則を具現化するためには、労働者、消費者、コミュニティーがこれらの企業のガバナンスを監視し、必要な運動を展開していくことが不可欠となる。そして新たな原則はこうした運動に大きな手がかりを与えるものである。

この例は、利潤原理の逆転からは一番遠いところにいる巨大企業の例であるが、RPP型経営に親和的な分野や企業でも、それらが自動的に発展しRPP社会へ近づくわけではないという点では、巨大企業の場合と同じである。この例に限らず、第五章でみてきたさまざまな未来社会の足音、つまり地域企業のなかでの、公共サービス産業のなかでの、そして労働現場のなかでの未来社会の萌芽も、それは自

＊86　巨大企業に社会的監視の目が強まっている一例として、二〇二〇年七月二九日に米議会下院の司法委員会で開催された公聴会がある。そこでは、アマゾン、アップル、グーグル、フェイスブックの四人のCEOが証言をさせられ、委員長からは「いくつかは分割が必要だ」との発言もなされている。これは競争政策という視点からの監視ではあるが、このニュースを報じた『日本経済新聞』（二〇二〇年七月三一日付朝刊）が「デジタル支配の懸念深まる」という見出しを付けているように、巨大企業の社会的影響力が増大するにつれて、企業活動のさまざまな側面への社会的監視と関与もまた増大せざるをえないのである。

動的に成長していくというものではなく、さまざまなステークホルダーによるチェックと運動が必要である。そしてそれらの運動には、運動が成立し発展する客観的根拠があるのである。

そして、これらすべての運動は、さまざまな課題を掲げた政治運動や市民運動とともに、「社会革命」の過程そのものである。

大切なことは「社会革命」を通じて儲けに振り回されないＲＰＰ社会を徐々に拡げ、それを政治的変革につなげていくことである。そのためには、多くの人々が、いまの経済社会が歴史的にどのような段階にあるのか知り、自分の仕事が社会のなかでどのような役割を果たし、そして未来社会への道程でどのような役割を果たすのかを知ることが大切である。本書が果たそうとしたのも、儲けに振り回されないＲＰＰ社会形成の諸条件が現在の資本主義のなかで育っていることを可視化することであった。ＲＰＰ社会は未来社会への入り口にすぎないし、それへの途はまだ遠い。しかし、ＲＰＰ社会から未来社会への距離はきわめて近い。

コラム　インフレーションの話

あるフィクションの世界　いま、精巧な技術によってニセ札とは見破られないような紙幣を偽造する集団があって、そのときに流通している紙幣量（五兆円としておこう）と同じ量のニセ札を印刷し、これを鼠小僧次郎吉よろしく市中の貧困層にばら撒いたとしよう。そしてこの紙幣を受け取った人々が日ごろ買いたくても買えなかったさまざまな品々を購入したとしよう。さて、なにが生じるだろうか。

突如の需要増大によって、諸商品の価格は多かれ少なかれ上昇するだろう。ただし、買われる諸商品の在庫が余っていて、処分に困るような状態であったのなら、まずは販売数量が増えるだけで価格はそれほど上がらないかもしれない。あるいは、すぐに生産量を増やすことができるような状態であったのならば、やはり価格はそれほど上がらないかもしれない。

いまかりに物価上昇率は当面五％であったとしよう。一〇〇円のものは一〇五円になった。さてそこで、ニセ札ばら撒きの恩恵に与れなかった人々は自分の持っている一〇〇円が実質的には九五円二四銭（100÷1.05）の価値に目減りしていることを知る。

では、五％の物価上昇で事は終わるだろうか。五兆円だった流通紙幣量はいまや名目的には一〇兆円になっているが、五％の物価上昇で実質的には九兆五二四〇億円の購買力になっている。しかし、依然として五兆円のもともとの購買力にくらべて四兆五二四〇億円の追加購買力が存在している。この追加購買力がどのようなテンポで実際の需要として支出されていくか、短期間か長期にわたってかはさまざまな想定が可能であるが、追加購買力が存在する限りでは、追加支出が行われ、その過程は追加購買力が消滅するまで続くだろう。追加購買力が消滅するのは、物価が倍になったときである。つまり名目的には五兆円から一〇兆円に増加した購買力が、実質的には以前と同じ五兆円の購買力となるときである。

結果として、既存の五兆円の購買力を持っていた人々の実質的購買力は以前の半分の二・五兆円に縮小し、ニセ札を手に入れて購買をし、それが次々に連鎖していく過程でその恩恵を手にした人々には二・五兆円の購買力が棚ぼたで手に入っている。そして、一時的に拡大した商品流通はもとの水準にもどり、二倍に上昇した物価水準が残される。

ノンフィクションの世界へ

さて、ニセ札ではなく本物のお札を任意に追加投入できるのは政府だけである。政府紙幣の場合は直接に、現在のような日銀券の場合は間接的に。間接的にというのはこういうことである。政府は国債を発行して日銀に買い取ってもらう。実際には日銀が政府から直接国債を買うのではなく、市中銀行などの手を経て買うのであるが、結局は直接に日銀が買い取る場合とほとんど違いはない。日銀の政府名義の預金口座がこれによって増加する。さて、政府がたとえば建設業者の取引銀行（市中銀行）に入金すれば、政府名義の日銀預金は減少し、それは市中銀行名義の日銀預金となる。そして、これに見合って建設業者の市中銀行預金が増加している。今回のコロナ対策としての給付金のような場合は、建設業者ではなく国民個人の市中銀行預金が増加する。この預金を、カードなどを通じて預金通貨として使えば日銀券（紙幣）は登場しないでも支払いができる。もちろん預金を日銀券で引き出すこともできるが、多くの場合、それは預金通貨として使われるであろう。だから、その意味で、紙幣の過剰投入という表現は厳密には正しくない。しかし、政府紙幣であれ日銀券であれ、いずれも輪転機を回して紙幣を増発をする能力を政府なり日銀なりが持っていることを前提としてはじめて、政府による市中への任意の購買力投入が可能なのだから、さきのフィクションの世界は荒唐無稽な話ではない。

いまひとつ、紙幣が流通量の倍も投入されるというのは極端な話であって、リアルに考えれば事態はもう少し地味である。第一次大戦後のドイツのハイパーインフレーションのような稀な事例を除けば、第二次大戦後の日本でみれば、戦後の混乱期を別として、消費者物価指数の前年比伸び率が高かったのは一九七三年、七四年、七五年と連続して二けたインフレを記録した時期であり、それぞれの年に一一・七%、二三・二%、一一・七%と推移した（『経済財政白書』長期統計による）。今回のコロナ大不況対策としての財政支出の「真水」の部分の規模はまだ不確定要素が多いが、すでに通貨量のかなりの増加が観測されている。二〇二〇年一月から七月までのM２（通貨供給量、季節調整値）の前月比伸び率を年率換算で示した数値は、二・七％、四・八％、五・九％、九・四％、二二・四％、二八・四％、九・七％と推移しており、四月の九・四％、五月の二二・四％、六月の二八・四％には、明らかに諸給付金の支出の影響が表われている。ちなみに、金額ベースでは三月のM2平均残高は一〇五二兆円、七月の平均残高は一一〇八兆円であったから四か月間に五・三％増加したことになる。このような急速な通貨量の増大にもかかわらず、ここまで物価の上昇傾向がみられないのは、コロナ大不況のただなかにいるからである。しかし、いずれゆるやかに景気が回復する過程で、通貨残高の急拡大の影響はじわりじわりとインフレの進展となって顕在化していくであろう。

南北戦争期のグリーンバックス・ダラーの話　好況期の物価上昇は一時的な現象であって、景気過熱期に需要拡大とともに物価が上がり、不況期の需要減少とともに物価は下落する。これに対して紙幣の過剰投入による通貨価値の下落であるインフレーションの場合は、物価が変動する基準となる物価水準自体が上昇していくのであって、不可逆的な現象である。

このようなインフレの特徴は、かつて金貨と政府紙幣が同時に流通していた金紙混合流通の時代には誰の目にも明らかであった。アメリカの南北戦争の時期に、北軍の政府は戦費調達のためにグリーンバックス・ダラー（紙幣の裏面が緑色で印刷されているドル）と呼ばれた政府紙幣を増発した。その結果、同じ商品でも金貨で買えば一ドルでも政府紙幣で買えば二ドルであるという事態が生じた。つまり、紙幣の価値は半分に減価し、紙幣ベースでみれば物価が倍に上昇したのであった。

このまま放置しておけば、この物価水準の上昇は不可逆的であったが、戦後政府は税金で回収した政府紙幣をそのまま廃棄することによって、金貨一ドル＝紙幣一ドルという関係を取り戻したのであった。

金紙混合流通の時代なればこそ、この過程は比較的簡単にわかる事態であった。しかし今日のように不換銀行券と預金通貨とが流通している時代には、事柄がわかりづらくなっている。しかし、むかしもいまも輪転機から富は生まれないのである。

補論　歴史としての資本主義

マルクスの歴史観

本書の分析の基本的な視角はマルクスの資本主義論と歴史観である。

資本主義が人類史の到達点ではなく、過渡的な社会のひとつであることを強調したのはマルクスとエンゲルスである。しかも、彼らによれば資本主義はたんなる過渡的な社会ではない。資本主義が達成する巨大な生産力を基礎として、人類史はまったく新たな段階に入ると展望されていた。彼らはそれを「必然の王国」から「自由の王国」へと表現した。つまり、生きるために生活の大部分を労働に費やさなければならない社会から、労働時間が劇的に短縮し、諸個人が自由な時間を豊かに過ごすことができる社会への転換である。そのような「ユートピア」が空想ではなく科学で裏づけられるということを彼らは生涯をかけて追求した。

マルクスの歴史観は次の有名な文章（『「経済学批判」の序言』）に端的に示されている。

「社会の物質的生産諸力は、その発展のある段階で、それらがそれまでその内部で運動してきた既存の生産諸関係と、あるいは同じことの法的表現にすぎないが、所有諸関係と矛盾するようになる。これらの諸関係は、生産諸力の発展諸形態からその桎梏に逆転する。そのときから社会革命の時期が始まる。経済的基礎の変化とともに、巨大な上部構造全体が、徐々にであれ急激にであれ、変革される」。そしてほぼ同じ内容を次のように述べている。「一つの社会構成体は、それが十分包容しうる生産諸力がすべて発展しきるまでは、けっして没落するものではなく、新しい、さらに高度の生産諸関係は、その物質的存在条件が古い社会自体の胎内で孵化されおわるまでは、けっして古いものにとって代わることはない。それだから、人類はつねに、自分が解決しうる課題だけを自分に提起する」*87。

資本主義を主語に以上の文章を読めば、その内容は三つに集約される。第一は、資本主義的生産関係、つまり資本─賃労働関係が支配する経済社会、いいかえれば利潤獲得とその増大をすべての経済活動の原動力とする経済社会、そのような経済社会の内部で生産諸力の発展が難しくなるまでは、資本主義は没落しないということである。第二は、生産諸力の発展が資本主義のもとで難しくなるばかりではなく、同時に、次の経済社会の物資的諸条件が十分に成熟していなければ、新しい生産諸関係は到来しないということである。この第一と第二の問題はいわばメダルの表裏であって同時に進行する過程である。そして第三は、そのような諸条件が成熟するとそこに社会革命の時期が始まるのだということである。本文でも述べたが、この社会革命とは政治革命のことではない。それをも含む、いわゆる「上部構造」が「徐々に」あるいは「急激に」変化する過程であり、そのことによって生産関係が変革される過程である。

スターリニズムの残滓

ここで注記しておかなければならないのは、これらの「命題」の理解に関連するスターリニズムの残滓である。

第一に、いわゆる生産力と生産関係の矛盾についていえば、社会主義になれば資本主義以上に生産力が発展するという教条がある。マルクスやエンゲルスが描いた未来社会像（彼らは未来社会を社会主義、共産主義とも呼んだが、多くの場合それをアソシエーション——自立した諸個人の連合組織——と呼んだ）では、生産力の発展の成果は労働時間の短縮の条件となる。対して、資本主義では生産力の発展は、他資本との競争に打ち勝って超過利潤を手に入れるために、そして競争で敗退しないために、不断に追求される課題である。そしてここに資本主義の歴史的使命がある。つまり生産力をとことん発展させるという資本主義の役割である。社会主義はその生産力の到達点を前提として、生産力発展の成果を労働時間の短縮につなげるというまったく新しい経済社会として構想されていた。社会主義では疎外された労働から解放された生き生きとした労働が新たな生産力を生み出す。しかし、そのことと生産力があたか

＊87　MEGA II/2, S. 100–101.『マルクス資本論草稿集　3』大月書店、一九八四年四月、二〇五―二〇六頁。なお、若干文章は異なるが、同じ訳者（杉本俊朗）による入手しやすい『経済学批判』国民文庫版では一六頁に該当箇所がある。

も青天井で上昇するかのように考えることとは、まったく別のことであり、マルクスの認識からははずれた想定である。

次に、第二の論点は、資本主義の発展につれて、未来社会につながるさまざまな物質的諸条件が芽生え発展してくるということであった。マルクスにあっては信用制度（銀行制度・金融制度）の発展や株式会社の普及、協同組合の展開などがその一例であり、なによりも組織された労働者階級の成長であった。これについては第五章で概観した。

そこで述べたことを別の表現でいえば、資本主義企業は利潤追求を最大の目的と動機として生産力を発展させてきたが、それはある段階に達すると私的所有の枠組みを超え、私的労働と社会的労働の分裂を超える存在である株式会社を一般化せざるをえないということである。銀行制度も同様である。銀行は、個別資本の限界を超えて社会的生産のための社会的資本を生み出す。それは未来社会への過渡的段階で、社会的生産の意識的統制、つまり、社会的資源配分の理性的コントロールの役割を果たしうる。[*88]だが、株式会社も銀行制度もともに、そのままでは利潤追求を第一義とする経営体であることにかわりない。これに対して協同組合は資本－賃労働関係の廃棄と利潤原理の相対化を実現している組織として独自の意義をもつ。そして今日では、第五章でみたように、資本主義の胎内で育っている未来社会の諸要素はマルクスの時代よりはるかに豊かになっている。

ところが、こうした視点、つまり資本主義の胎内で未来社会の諸条件が胚胎し成長していくという視点の重要性は、次にみる第三の問題と結びついて、これまで本格的に議論されることは少なかった。

その第三の問題とは、「社会革命」の理解と関連して、「政治革命」の意義を過度に強調する考え方である。誤解を恐れずにいえば、「前衛党」という考え方である。[*89] レーニンに萌芽をもち、スターリンが定式化したかたちでの「唯物史観」では、資本主義から社会主義への移行は原始共同体から資本主義にいたるこれまでの社会システムの変化、移行とはまったく異なる性格をもつものとされてきた。一言でいえば、資本主義にいたるまでの社会システムの移行は自然発生的に実現されてきたが、社会主義への移行は目的意識的な過程であり、目的意識を具現し指導する革命の司令塔、「前衛党」が必要であるというものである。[*90] いわゆる「プロレタリア独裁論」はこの考え方の延長上にある。

＊88　かつて、資本主義から社会主義への移行における「管制高地論」なるものが喧伝されたが、銀行制度についていえばこれは間違いではない。

＊89　日本共産党は二〇〇〇年一一月の第二二回党大会で、規約から「前衛政党」という規定を削除した。不破哲三委員長（当時）はその理由を次のように述べている。「「前衛政党」の規定も、この事業の歴史のなかでみれば、一時期にあらわれた規定であって、科学的社会主義の事業とその共産党論、労働者党論の、最初からの本来のものではありませんでした。」

＊90　このような考え方からみれば、冒頭の『「経済学批判」への序言』の命題は、本書の理解とはちがって、原始共同体から資本主義にいたる歴史の総括であって、資本主義から社会主義への移行には、その

だが、マルクスのいう社会革命は、終章で述べたように、政治革命のなかに包摂されるものではない。逆である。「社会革命」とは「法律的な、政治的な、宗教的な、芸術的または哲学的な諸形態」、つまり「イデオロギー諸形態」の変革であり、それを通じた生産関係全体の変革である。生産力の発展によって未来社会の物的諸条件が成熟しても、それを人間がどのように意識するかは別の問題である。経済的生産諸条件の変革だけではなく、これを土台としつつも独自に展開するイデオロギー諸形態の変革なしには未来社会は到来しない。その過程が長きにわたる試行錯誤の過程である「社会革命」であり、政治革命は重要ではあるが、それは社会革命のなかの構成部分という位置にある。

もちろん、マルクスやエンゲルスも、資本主義から未来社会への移行は、これまでの歴史のたんなる延長上にあるものとは考えていなかった。「必然の王国」から「自由の王国」へとか、資本主義の終焉をもって「人間社会の前史は終わる」といった表現にみられるように、資本主義から未来社会への移行は人類史の特別な段階を意味するものであった。そしてそのような変革の主体として労働者階級が想定され、さらに労働者階級の階級としての組織化、つまり労働組合や政党組織などが必要であることも強調されていた。さらには、マルクス自身も政治上の過渡期として「プロレタリアの革命的独裁」[*91]について語っている。

だが、それにもかかわらず、資本主義から未来社会への移行の条件もまた、これまでと同様に、さきにみた三つの条件を満たすものであることに変わりはない。そしてマルクスは、『資本論』に結実していく自身の経済学批判の研究が、新しい社会への移行の「生みの苦しみを短くし、やわらげる」ことに役立つと考えていたのである。しかし、歴史は、目的意識性と政治革命の強調が独り歩きして、スターリニズムにいたる道をたどってしまった。

歴史に対して謙虚であることが必要だとしても……

ロシア革命が、資本主義としても低い生産力水準の国・地域で始まったことは周知のことである。だが、これを早すぎた革命などと総括するのは、後世に生きるものの傲慢であろう。社会主義を目指す政治集団が民主主義革命の担い手にならざるをえなかった、それが当時のロシアの現実であろう。そしてレーニンが晩年に指導したネップ（新経済政策）は、ボルシェヴィキ政権下での資本主義のやり直しであった。さらに、レーニンの病床での「最後の闘争」はスターリンとの闘いであった。[*92] しかし、残念ながらというべきか、スターリンとレーニンのあいだには断絶とともに連続性もある。そのもっともわかり

ままのかたちではあてはまらない、ということになる。

*91 『ゴーダ綱領批判、エルフルト綱領批判』（国民文庫版）五六頁。
*92 モッシュ・レヴィン、『レーニンの最後の闘争』（河合秀和訳、岩波書店、一九六九年一〇月）を参照されたい。

やすい事例がさきに言及した「プロレタリア独裁」論である。

ともあれ、その後のソ連の歴史ではマルクスやエンゲルスの思い描いた未来社会とはまったく異なる社会が出現した。ソ連崩壊後の研究のなかで、ソ連は経済構造でみれば「国家資本主義」であったという分析がある。筆者もそれに共感をもっているが、ひとつの点を強調したい。ソ連は自らを社会主義・共産主義の指導者と自認しているソ連共産党独裁下の国家資本主義であった、ということである。ここにさまざまな分析を混乱させる要因がある。ちなみに、現在の中国も社会主義を標榜する党の独裁のもとでの国家資本主義の展開である。

旧社会の内部での生産力の限界も到来せず、新しい生産関係を構築するための生産力も達成されていないところで社会の変革を急ごうとすると、その過程で、司令塔たる「前衛党」の指導という目的意識性と政治革命の役割が極端に強調され、長きにわたる「社会革命」の問題は軽視されることになる。より端的にいえば、旧ソ連社会などでは、多面的で継続的な、かつ試行錯誤をともなう「社会革命」の過程にかえて、イデオロギー的弾圧で上部構造の「変革」を強行したわけである。というのも、そもそも土台において変革の条件が欠けていたからである。

資本主義の歴史的限界とはなにか

では、そもそもマルクスは、資本主義的生産関係と生諸力の発展との矛盾ということをどのように把握していたのであろうか。その究極の矛盾は利潤増大をめざすという経済活動の目的と、そのための手段として不断に生産力を発展させなければならないということ、この目的と手段との矛盾である。そのことは、利潤のために生産力を破壊せずにはおかないという恐慌現象に端的に示されている。資本にとっての制限は資本そのものである。[*93] そしてマルクスは恐慌の到来を「待ち望み」、そこに革命の期待を寄せていたのは事実である。とはいえ、マルクスがいわゆる「恐慌革命論者」であったことは一度もない。資本主義を、停滞→中位の活気→繁栄→過剰生産(過熱期)→恐慌という産業循環を繰り返すものとして理解し、かつ次の産業循環は前期の循環が到達した生産力水準から出発するということは、マルクスが眼前の資本主義を分析するなかで得た基本認識であった。恐慌は資本主義が人類史の過渡的な段階であることを示す端的な事象ではあるが、そのことがただちに資本主義のもとでの生産力発展の限界を示すものではない。

だが、資本主義はただ産業循環を繰り返すだけではない。資本主義の発展につれて利潤原理が生産力の発展の制約要因となる段階がやってくる。筆者の表現では資本主義の成熟段階である。また、そのよ

＊93　「資本主義的生産の真の制限は、資本そのものである」。これは『資本論』の第Ⅲ部第3篇で恐慌についての記述の一部(マルクス・エンゲルス著作集 MEW 25, S. 260)であるが、この見地は資本主義の歴史的限界の考察にもそのままあてはまる。

うな段階にいたらなくても、資本主義の発展につれて社会問題が顕在化していく。しかし、このような限界の現われは国によってさまざまであり、一律の定式があるわけではない。この問題はまさにわれわれがマルクスに依拠しつつ自ら考察すべきものである。[*94] だが、第一章と第二章でみたように、現時点でいいうることの第一は、すでに日本資本主義は利潤追求を目的とし推進動機とする資本主義経済が生産力の発展と両立しない段階に達していること、しかし、そこでは社会革命は始まっているがその進展はまだ遅いということである。第二は、アメリカ資本主義は生産力発展の余地は残しているが、その生産力の発展はアメリカ社会の分裂を生み出さざるをえない段階に入っており、社会革命が始まりつつあるということである。

利潤原理は生産力を無制限に発展させようという衝動を資本に与え、それは自然環境の破壊にまで行き着くことになる。しかし資本主義の発展にともなって、歴史的に利潤原理が生産力発展の妨げとなる時期がやってくる。そしてそのもとでもなお利潤を極大化しようとする資本の運動が、格差拡大をはじめとする社会環境の破壊をもたらす。こうして生産力を高めるという資本主義の歴史的使命は終わりを告げる。だが、ここからでてくる問題の解決は、かつて一部で信じられていたような、資本主義的生産関係の変革を通じての生産力のいっそうの発展ではない。それは資本主義において到達した生産力を前提として、生産力の発展の成果を労働時間の短縮に振り向けることができる社会、疎外された労働から解放され労働自体が自己実現の喜びとなる社会、そして自立した諸個人の連合体たるアソシエーションがさまざまなレベルで形成され「理性によるコントロール」によって経済活動が行われていく社会、そうした社会の実現である。

＊94　近年ＭＥＧＡ（マルクス・エンゲルス全集）刊行の進展にともないＭＥＧＡ第Ⅳ部門に収録されているマルクスの抜粋ノートの研究から、晩年のマルクスが関心をいだいていた社会変革の構想の内容が明らかになりつつある。それらによれば、晩期マルクスがいわゆる「恐慌革命論」から離れて、日々資本主義的生産関係を常識化し、正当化するイデオロギーを再生産・拡大し続ける資本主義の強靭さを確認しながら、次のような変革構想を深化させていったとしている。すなわち、長期にわたる改良の重視（労働時間規制、職業教育および技術訓練、生産者協同組合、労働組合運動）、農学にもとづく持続可能な農業の展開、労働者階級とマイノリティーとの連帯、前近代的共同体の積極的要素の確認と社会変革の道の多様性の強調などである。
　マルクスが一時「恐慌革命論者」であった、あるいは、マルクスは初期には「生産力至上主義」であったとする点では同意できないが、このような研究は、さまざまな分野での改良の重視、変革の主体と形態の多様性についての理解、持続可能な人間と自然との物質代謝のあり方の探究など、そこに示されている問題関心と構想は今日に活きる新鮮さをもっている。これらの研究のわかりやすい解説としては、佐々木隆治『カール・マルクス――「資本主義」と闘った社会思想家』（ちくま新書、二〇一六年）第3章、および斎藤幸平、前掲『人新世の『資本論』』を参照されたい。

あとがき

　本書の構想は二〇一八年の秋にはほぼ出来上がっていた。しかし、いくつかの事情から、上梓するまで二年間が過ぎてしまった。しかし、この二年間は無駄ではなかった。

　ひとつは、経済理論学会第六七回大会（二〇一九年一〇月二〇日、駒澤大学）の共通論題の報告者の一人として、この構想を基にした報告をする機会を得たことである。[*95] この過程で報告に対するコメンテーターをはじめさまざまな研究者たちから質問や批判や感想を受け、それらは構想を改善するうえで大いに役に立った。また、この間いくつかの雑誌に書いた論稿も、構想の内容を豊かにする機会となった。それらはそれぞれの編集者たちの注文に応じていわば受動的に書いたのであったが、与えられたテーマの拡がりが私自身の視野を大いに広めてくれた。

＊95　報告者は、浜矩子氏（同志社大学）、松尾匡氏（立命館大学）と筆者の三人、コメンテーターは鶴田満彦氏（中央大学名誉教授）、佐々木隆治氏（立教大学）であった。学会機関誌『季刊 経済理論』第五七巻第一号（桜井書店、二〇二〇年四月）を参照されたい。

しかし、なんといってもこの間の時間が無駄でなかったのは、コロナパンデミックに直面したことである。学会が終わり、そこでの報告をもとに本書の原稿を書き終えつつあるときに、コロナパンデミックが到来した。当然に、コロナパンデミックはそれ以前の世界を分析した私の構想全体が、新たな体験を前に意味があるものなのか、そうではないのかという問題を突きつけた。結果として、コロナパンデミックは私の構想を鍛え、構想の幹の部分を浮かび上がらせてくれた。本書が発行される時期でも、当然に、コロナパンデミックは収まっていないであろう。そして本書で記した金融危機やインフレの問題の帰結もまだ明らかにはなっていないであろう。私の見通しが正しいかどうかの事実による判定はいましばらく先のことになる。本書が今後の風雪に耐えうることを願っている。

本書は、現代資本主義分析の部分（第一章—第四章）と、それを踏まえたポスト資本主義社会・未来社会の展望の部分（第五章と終章）から成っている。この未来社会への展望に関連して若干の回顧を記しておきたい。

私の大学院博士課程後期課程の指導教授であった三宅義夫先生は『資本論』研究の、とくに信用論（金融論）研究の第一人者であり、資本主義社会の変革を強く願っていたが、一方では三宅先生の歴史観は「資本主義千年王国説」であった。先生は資本主義のとてつもない強靱性をよく理解しているリアリストという面をもっていた。博士課程前期課程の指導教授であった久留間健先生もリアリストであったが、インフレ論などで先駆的な研究を残されたのち、晩年に『資本主義は存続できるか――成長至上主義の破綻』（大月書店、二〇〇三年二月）を著わして、市場によるコントロールにかわるのは国家によるコントロールではなくて「理性によるコントロール」だという視角を提起して、社会変革への静かな闘志を貫かれた。また、私は直接の弟子ではなかったが、長年にわたって影響を受け、さまざまな教示をいただいてきた大谷禎之介先生は、マルクス草稿研究の第一人者であったが、『マルクスのアソシエーション論――未来社会は資本主義のなかに見えている』（桜井書店、二〇一一年九月）でマルクスが描いた未来社会論の本来の姿を復元しようとされた。

本書の未来社会論も三先生の発想に深く影響されている。私は、資本主義の強靱性を「成長信仰」を中心とするいくつかのイデオロギーとそれが成立する根拠を中心に理解しようとした。また、「未来社会は資本主義のなかに見えている」という見地はそのまま本書に活かされている。これに対して、「理性によるコントロール」の問題は、ごく一部で言及しているだけである。というのは、これは未来社会論の要点のひとつである市場経済の克服にかかわる話であって、本書の射程距離を越える問題だからである。本書終章の末尾で、「利潤原理を逆転した社会」、「儲けに振り回されない社会」、つまり「RPP社会は未来社会への入り口にすぎないし、それへの途はまだ遠い。しかしRPP社会から未来社会への距離はきわめて近い」と書いた。利潤原理を相対化し、したがってまた市場原理を相対化しても、それはまだ「相対化」の段階であり、未来社会の入り口にすぎない。しかし、市場によるコントロールにかわって理性によるコントロールが支配する社会は、市場そのものが克服されている社会である。だからこの問題をきちんと論ずるためには、あらためて市場とはなにか、市場経済とはなにかに踏み込まなければならない。本書はこの根本問題を本格的には論じていない。これが理性によるコントロールの問題に全面的に踏み込んでいない理由である。*96

ところで、私が先生方から影響を受けたのはなによりも本書のベースとなる理論、つまりマルクスの『資本論』の読み方である。三先生はいずれも久留間鮫造先生を尊敬し、その影響を受けていた。私自身も、久留間鮫造先生の最晩年の短期間ではあったが、その声咳に接する幸運に恵まれた。久留間鮫造先生は大原社会問題研究所（大原社研）*97の所長を務められるなど、終生、大原社研と深い関係にあられたが、戦後はなばなしく活躍した大原社研の同僚たち、たとえば森戸辰男、大内兵衛、あるいは宇野弘蔵といった人々と比べると世間的には無名といってもよい。しかし、『マルクス経済学レキシコン』全一五巻（大月書店、一九六八年四月―一九八五年九月）に代表されるマルクス経済学研究において、群を抜く質の業績を遺されている。その学風は、一言でいえば、論争史に振り回されないで、自分の頭で『資本論』に素直に立ち向かえということと、マルクスの叙述を理解するためには、そこでマルクスがなにを問題としたかということを理解することが大切であり、マルクスの問題設定を離れて勝手に解釈したり、ないものねだりをしたりするようなことはするな、ということになるだろう。

二一世紀に入って、一部にはマルクス・ルネサンスといわれる現象が世界的に起きている。この現象は、一九九〇年代のソ連・東欧の崩壊で勝利したはずの資本主義が、じつは行き詰まりに陥っている、ということの反映であり、私も大いに励まされている。しかし、残念ながら、そこにはマルクスの理論のつまみ食いではないか、と思われる言説も多い。

本書ではマルクス経済学に馴染みのない読者にも読んでいただきたいという思いから、一部を除くと、極力マルクス経済学のタームを抑制して叙述をしている。そして、階級闘争や搾取といったタームは一度も登場していない。しかし、本書のいたるところに、『資本論』が静かに鳴り響いていると思ってい

＊96 「理性によるコントロール」の問題に直接触れているわけではないが、市場経済とはそもそもなにか、それを止揚するとはどのようなことかについては、拙著「市場とはなにか――新しい経済社会の考察のために」（丸山恵也・熊谷重勝・陣内良昭・内野一樹・關智一編著『経済成長の幻想――新しい経済社会に向けて』（創成社、二〇一五年一一月、第二章所収）で簡単にではあるが論じている。

＊97 大原社研は「一九一九（大正八）年二月、大原孫三郎によって創立された、社会科学分野では日本でもっとも古い歴史をもつ民間研究機関」（研究所ＨＰ）である。一九五一年に法政大学と合併し、現在は法政大学大原社会問題研究所として活動を続けている。

る。それは久留間鮫造先生をはじめ先の三先生、さらには久留間鮫造先生に深く師事してきた私のパートナーの前畑憲子さん、これらの人々のマルクス研究に助けられて理解を深めてきたマルクスの理論、つまり、つまみ食いではないマルクスの理論である。

本書は拙著『資本主義の成熟と転換――現代の信用と恐慌』（桜井書店、二〇一四年六月）の第II部の続篇であるが、その内容は単にデータを更新したのではなく、前著とは二つの点で異なっている。

第一は、前著で対象とした読者は主に研究者であったが、本書は広範な市民を意識している。労働運動の現場で活動している人々、地域経済の創生のために運動し、あるいは経営努力をしている人々、医療、介護、子育て支援、そしてより広くは福祉関係で奮闘している人々、さらに教育現場で頑張っている人々など、つまり、今日、大企業体制とさまざまな意味で対峙せざるをえない人々の仕事と運動が、現代の資本主義社会においてどのような意味をもち、かつそれが未来社会の創生にどのようにかかわっているのか、本書はそのことを念頭において執筆した。

第二に、いま述べた課題を果たすためには、理論と実証を踏まえた現実分析が不可欠であるが、前著ではそのような分析のプロセスを重視した。しかし、本書では端的に分析の結果を展開するようにしている。

この小冊子がその意図を実現できていれば幸いである。

前著に続き今回も桜井書店の桜井香氏にお世話になった。私の宙に浮きかけていた原稿を掬い上げ、活かしていただいた桜井香氏にあらためてお礼を申し上げたい。

二〇二〇年八月一五日　小西一雄

追記

本書を脱稿した後、日本では、安倍政治を継承するという菅義偉首相の強権・威圧内閣が登場した。政権発足の直後から、モリ、カケ、サクラのほっかむりに加えて、学術会議会員任命拒否という暴挙で、菅内閣は「嘘つき」という点でも前政権の継承者であることが明らかになりつつある。しかも、強権・威圧の程度においては、当初から、安倍政権をもしのぐ不気味さをたたえている。加えて、「自己責任論」のカモフラージュである「自助・共助・公助」という新自由主義のイデオロギーを臆面もなく掲げている。

しかし、ここであらためて強調しておきたいのは、この政権も相変わらず「改革」を、ただし安倍政権よりは小ぶりな「改革」を謳い、かつ「成長戦略会議」なるものの設置に象徴される「成長路線」を掲げていることである。「改革」が「反動」に転化するレトリックとしての「成長信仰」については、終章で述べた。われわれがこのレトリックに再びひっかかることがないようにすること、本書がこのことにも役に立つことを願っている。

小西《こにし》 一雄《かずお》

1948 年 3 月　東京都に生まれる。
1971 年 3 月　上智大学法学部卒業。東京都入都（中野区役所勤務）などを
経て，
1976 年 4 月　立教大学大学院経済学研究科博士課程前期課程入学。
1981 年 4 月　立教大学経済学部助手（大学院在籍のまま）。
1982 年 3 月　立教大学大学院経済学研究科博士課程後期課程単位取得退学。
1982 年 4 月　立教大学経済学部専任講師。以降，助教授を経て，
1993 年 4 月　立教大学経済学部教授。
2013 年 3 月　立教大学定年退職。この間，教職員組合委員長，総長室長，
経済学部長，立教学院常務理事などを歴任。
2013 年 4 月　東京交通短期大学学長（2016 年 3 月まで）。
現在　立教大学名誉教授，東京交通短期大学名誉教授。

著書
『現代経済と金融の空洞化』（共編著）有斐閣，1987 年
『経済学のオプティクス』（共編著）ミネルヴァ書房，1994 年
『ポスト不況の日本経済』（共著）講談社，1994 年
『金融論』（共著）青木書店，2000 年
『日本のビッグ・インダストリー⑥金融』（共著）大月書店，2001 年
『資本主義の成熟と転換――現代の信用と恐慌』（単著）桜井書店，2014 年
ほか

資本主義の成熟と終焉　いま私たちはどこにいるのか

2020 年 12 月 1 日　初　版

著　者　小西一雄
装幀者　加藤昌子
発行者　桜井　香
発行所　株式会社 桜井書店
東京都文京区本郷 1 丁目 5-17 三洋ビル 16
〒 113-0033
電 話 (03)5803-7353
FAX (03)5803-7356
http://www.sakurai-shoten.com/

印刷・製本　株式会社 三陽社

© 2020 KONISHI Kazuo

定価はカバー等に表示してあります。
本書の無断複製（コピー）は著作権上
での例外を除き，禁じられています。
落丁本・乱丁本はお取り替えします。

ISBN978-4-905261-46-9 Printed in Japan

久留間鮫造編『マルクス経済学レキシコン』を軸に

マルクスの恐慌論

大谷禎之介・前畑憲子▽編

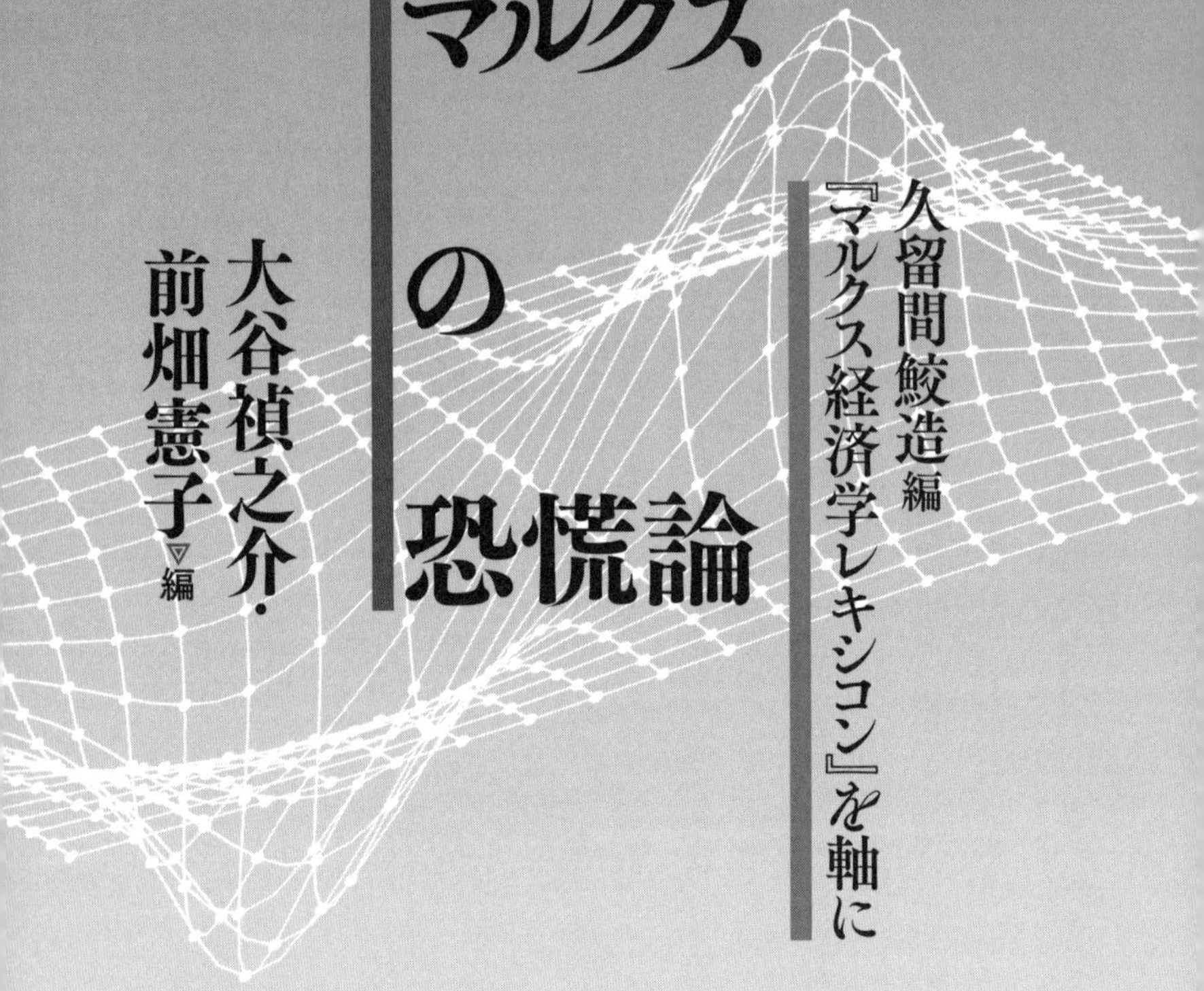

『資本論』をどう読むか，
どう読んではいけないか！

マルクスによる恐慌・産業循環の理論的展開を
精彩かつ精緻に跡づける。

久留間鮫造・大谷禎之介・前畑憲子・小西一雄・宮田惟史▶執筆

A5判上製・774頁　定価▶8600円＋税